JN438552

그 강은 지금도 팔짱을 끼고 있을까

한국문학작가연합 7집

그 강은 지금도 팔짱을 끼고 있을까

그 강가 지금도 차를 피해 쪼그리고 앉아
나물을 뜯고 있는 이들이 있을까

강풀이 올라와 종종종 가는 다리로
흐르는 물을 버티고 서성이는 새를 만들고

다리 위에는 누군가가 새를 가슴에 넣었다가
눈을 들어 팔락팔락 날려 보내는 동작

태양은 슬그머니 두툼한 이불 속에 들어가
꿈을 꾸다가 안대 속에서 울어 안대만 적시고

그런 건 아랑곳없이 가진 대로만 흐르며
살랑살랑 물풀을 키우고 있던

마음 여유로운 그 작은 강
지금도 팔짱을 끼고 환히 웃고 있을까

도서출판 채운재

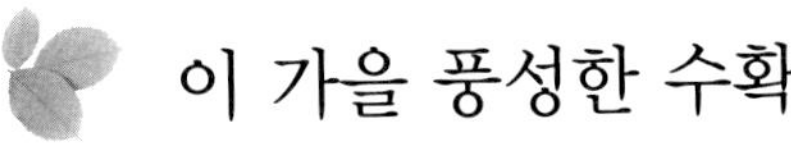

이 가을 풍성한 수확

황금 물결 넘실대는 가을입니다
우리들 가슴에도 일렁이던 얼얼한 그리움들을
하나하나 풀어헤치고
그것들을 여기 작은 시집에 올올이 삼았습니다
소중하게 담아 정성껏 엮어냈습니다
영원히 간직하게 될 보석 같은 시집입니다

매번 시집이 나오기까지 아름답게 길쌈하느라
노력해 주시는 작가님들께 고마운 마음 전합니다
하나하나 늘어가는 우리들의 시집을 보며

면 훗날 오늘을 기억하게 될 때
우리는 진정 행복을 느끼게 될 것입니다

이 가을 풍성한 수확
고맙고도 감사한 일입니다.

2010. 10.
한국문학작가연합
회장 매헌 여규용

차례 |

문자씨는 기차를 타고 · 김진섭

파란 하늘이 · 박가월

그 강은 지금도 팔짱을 끼고 있을까 · 박종미

바다가 그리운 외포리 · 여규용

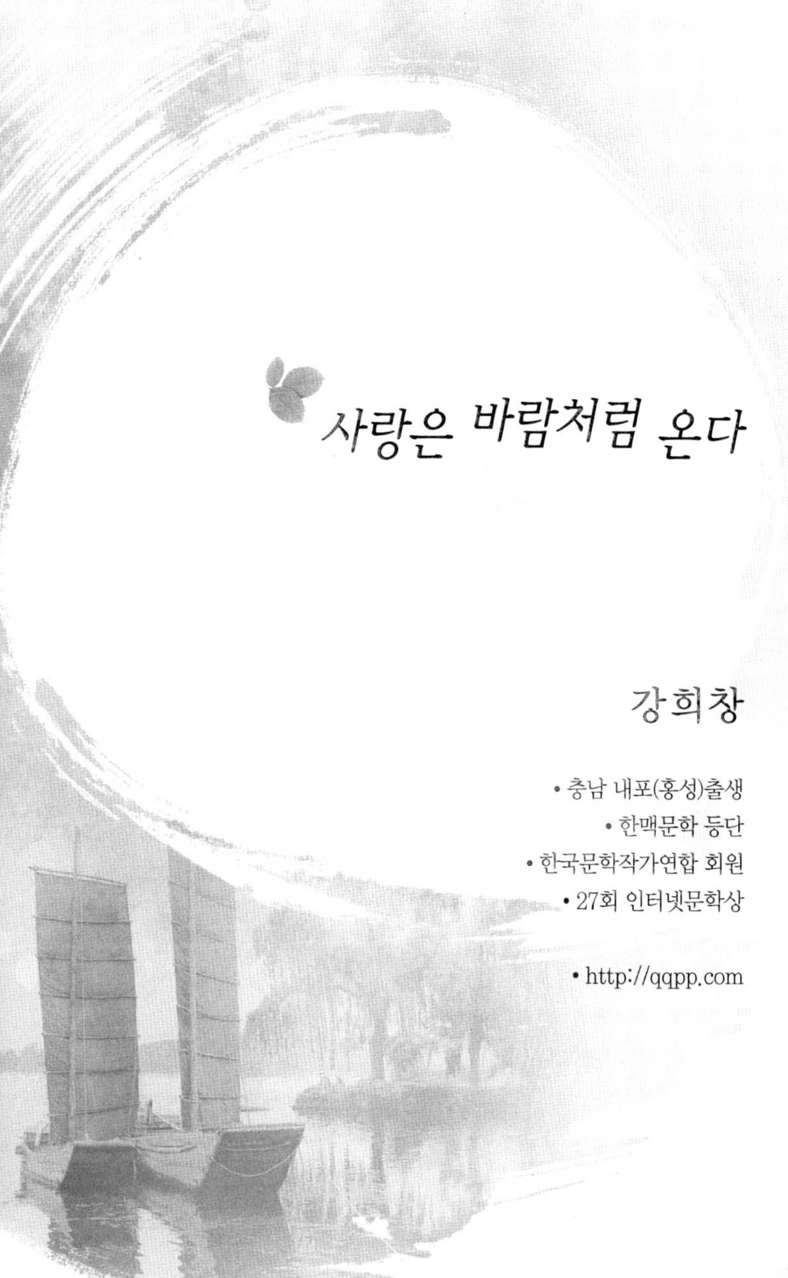

사랑은 바람처럼 온다

강희창

• 충남 내포(홍성)출생
• 한맥문학 등단
• 한국문학작가연합 회원
• 27회 인터넷문학상

• http://qqpp.com

어색한 말기

형님은 첫 대면이 몹시 어색하더라 했다
내시경 모니터 속에서, 밖에서
불심검문에 움츠린 몰골의 세포 덩어리
무단침입에 소스라친 핏발로 꼬나보더란다
저도 마찬가지 몸을 빌려 쓴다는 입장인데
여튼 어중간한 경계를 베고 간 예리한 칼 슴베에
맞선 복수의 눈초리만 기억했으리, 기껏 살아서
아마 실하고 덜 실하고를 두고 몹시 망설였을
이 세상이라는 병동에서 누구나 시한부를 살며
얕게 저민 삶에 깊이 쏘는 앎이란 겁니다, 글쎄
무작정 끌어안고 무디게 데려왔을 터이거늘
한 시대의 끝자락은 이렇듯 늘 허술한 것인지…
골목의 불빛들도 제 몸을 위해 가시를 돋우고
약기운에 하현달로 모로 누워버린 새벽녘
높이 쳐든 붉은 십자가 홀로 참 아프더라고
수척해진 손을 떨며 잔을 건네는 겁니다, 글쎄
겨우 반백년을 살아와 반백이 된 고향 선배
토끼 눈처럼 선해 보이긴 그거이 첨이었는데…
촉박한데다가 남길 것이 없어 너무 어색하다면서
불치의 시국에 칼은 신중히 뽑으라면서

나팔꽃

사는 게 여의치 못해 선뜻
너를 마주하기가 거북하다
얇은 귀여, 얍삽한 곁눈질이여
언뜻 손귀를 하고 엿들었다는 듯
허둥대며 나서는 세상길에
일제히 외치는 확성기 소리
왜 그렇게 사시는가?
삶은 지금처럼 스쳐 가느니
실하게 살아도 턱없나니
속으로 증폭되는 작은 꼬투리
타고 올라와 굳이
귓전에 들이대는 소리소리

꽃이 지기에

사랑은 활짝 피워내는 거라 고집했네
삭정이 거죽을 뚫어낸 부드러움이라고
그러다 사랑은 가장 엄숙하게 지는 거라고 비명처럼
화려함은 가고 일순 전부를 던질 뿐이라고 고쳤네
꽃엔 무슨 비밀통로가 있어 각각 전갈을 받아낼 텐데
간절함은 이미 하늘에 닿아 꽃짐을 이기엔 버거웠을까
곱게 늙으셨던 고모님의 백발은 무게가 없었다네
많이 살았다고 왜 늘상 말씀하셨는지 이젠 알 것 같네
뜻은 지붕 아래 있어 사뿐 내려와 듣는 나직한 음성
그늘 안에 한갓 유서 몇 줄 몸으로 쓰고 있었지만
피고 지고 열리매 떠날 걸 알고 왔으니 공평도 할사
꽃등 밑에 밤은 들지 못하고 문상객으로 서성이다
서성이다 사랑은 낮아서 낮으니 낮게 몸짓하다
가쁜 숨, 숨이 멎는 위에 애도 한 잎마저 떨구네

허기

집요하게 들러붙어 매인 몸뚱아리
두어 끼쯤 거른다고 대수일까 보냐
한 끼를 위해 몸을 던지던 날들이 있었다
이제사 그걸 어떻게 가르침 할까마는
안식과 타협하며 나태와는 웬수간인데
어디서 죽음의 냄새가 진동한다
향기로운 음식은 이미 죽은 것이니
줄참 틀어대던 주림을 풀 재우고 나면
티잉 끊어진 근육이 제 자리를 잡아간다
그래 내 안의 한 소리를 들었는바
은밀히 몸을 갉아먹고 있을 요것
스러진 나를 일으켜 세우던 요것
세상에 빈 것들은 갈망한다
다시 비워지지 않기를, 거기
냄새 난다. 역하지만 삶의 냄새

이른 아침 오염된 탄천에
청둥오리떼 언 몸을 던지고 있다.

사랑은 바람처럼 온다

몇몇 산을 돌아 정비된 대형으로
바람은 다음 도시를 향해 진격중이다
시야에 들어온 목표는 그다지 크지는 않다
공격선까지 선두 속보,
철커덕 노리쇠 잠기는 소리,
가늠쇠 위에 도시의 심장부가 올려지는 순간
잠시 정적, 갑자기 목표가 흐리게 떤다
알아차린 걸까, 망설이는 걸까
동시 다발로 당겨지는 가녀린 방아쇠
무수한 화살표가 심장을 향해 출발한다

당신의 가슴이 누군가의 가늠자 안에 갇힐 때
소스라칠 필요는 없다. 그땐 늦은 거니까
정조준된 순간, 그 순간
당신은 이미 당신 것이 아니다.

목련을 찬미하며

고상돈(필명 : 高靑明)

• 문예사조 신인상으로 등단
• 한국문학작가연합 회원

비나리던 추억

언젠가 비나리던 날
아름다운 추억 하나 만들었었지
손끝에 온기를 품은
향긋한 커피 내음이
언제나 비 나리면
촉촉한 빗방울에 스며나는 추억

작은 멍울이
파랗게 아프던 그날
바람 따라
우산 속으로 날아든
빗방울에 젖어들듯
함께 가슴 적실밖에 없던 추억

빗속 그날을 추억하며
기도하듯 감싸 쥔 커피 한잔
코끝 가까이 향을 마시고
꿀 찾아 꽃잎 핥는 나비 되어
붉어진 입술을
달콤 쌉싸롬이 적셔보네

아름다운 그대

아름다운 것 있나니
사랑하는 사람이라
사랑의 빛에 눈뜬 그대 앞에
아름답지 않은 이 뉘 있으랴?

꽃보다 곱단 그 말
사랑하나 품으면 아나니
꽃보다 고운 그대로 인해
세상마저 아름다이 채워졌네.

거리를 가득 메우고
분주함으로 지나치는 저들
저 얼굴 얼굴마다 꽃이네!
아름다운 꽃, 꽃이네.

목련을 찬미하며

화사한 봄날
담장너머 고웁게 핀
새하얀 목련화야
성결한 너의 모습
푸른 하늘 따사론 햇살에
등불 되어 또 걸렸구나

황홀한 봄날은
이렇게 다시 찾아왔고
저 담장 낮아졌다지만
귀밑머리 하얘진 무언가가
성스런 너의 순백 등을
손 뻗어 취할 수 없다누나

봄바람 출렁대는
축복의 푸르른 대지에서
꽃피는 세상으로 드리워진
순백의 네 향기를
파란 바람 한줄기만이
꿈꾸듯 실어 가누나

이슬 맺은 봉선화

꽃으로 피어나
새벽이슬로 눈물짓는 너

긴긴 지난밤 내내
외로움에 잠 못 이루고
찬 별빛 실은 바람에
어디로든 날아가고 파도
운명 지어진 뿌리에 매여
그렇게 그 자리에……

그렇게 떠나지 못한 채
서글픈 눈물방울 달았구나

진달래꽃

초봄 건들바람에도
엷은 빛 분홍웃음 짓는
그대 꽃말은
사랑의 희열(喜悅)이랬다

채 잎도 피기 전
성급히 꽃 피워 올린
그대 열망은
사랑의 희열(喜悅)이랬다

또, 지난 한 세월을 보내고
환희에 들뜬 세상으로
그대 앞선 길은
사랑의 희열(喜悅)이었다

그러게 이 봄을 달려
마주하고자 한 이 가슴이
그대 앞에 섬은
사랑의 희열(喜悅)이었다

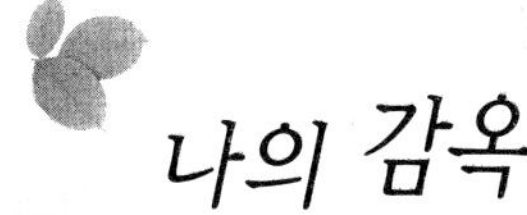

나의 감옥

김낙필(필명 : 자작나무숲)

- 충남 태안(원북)産
- 한맥문학(2002) 시 부분 신인상(등단)
- 한국문학작가연합 회원
- 과천 문화원 한국화 회원
- 과천 문화센터 서양화 회원
- 2009 대한민국 강남미술대전 서양화 부문 입상(野積)
- 2010 행주미술대전 서양화 부문 입상(初夏)

- 문학서재 http://knpil.kll.co.kr

나의 감옥

차라리 애초에
몰랐으면 좋았겠다
생각해보면 긴 시간 더불어 살았으니
안다는 것이 이렇게 무서운 족쇄일 줄이야
미워할 이유도 안타까워할 까닭도 없을 인연을
달고 산다는 일은 지겹고 슬프다
버려지지 않는 인연
지워지지 않는 기억
질경이처럼 모질고 그 질긴……

여행길에서
또 다른 사람들을 만나지만
그들은 여전히 낯선 타인
잊어야 할 그림자는 여전히 등짝에 업혀 있다
무거운 인연을 지고 사는 일처럼 버거운 일이 있을까
잊혀다오
무명지처럼 말끔히 지워져다오
그렇게 새로운 여행을 떠나고 싶다
그러나
사람 사이에 난 길은
영영 끝장이 나지를 않는다

저물어 갈 때는 혼자였으면 좋겠다
너도 잊혀지고
나도 잊혀 졌으면 좋겠다
사랑할 사람도
미워할 사람도 없는
흔들림조차 없는 곳이였으면 좋겠다
바람도 없고 달도 별도 없는 캄캄한 지옥 같은
그런 동네였으면 좋겠다

그래서
어떤 인연은 바람에 띄워 보내고
어떤 사연은
긴 장맛비에 흔적조차 지워버리고
생각조차 버린
아무 소리도 없는
그런 감옥이었으면 좋겠다

낙타

전셋돈 빼서 낙타를 살꺼야
속눈썹이 길고 실한 몽골산 쌍봉낙타로
낙타 먹을 물도 챙기고 버너, 辛라면도 챙겨야지
"따웁*(Thoub)"은 서너벌 "쉬막*"은 너다섯개 준비해야지
불타는 "호포프(Hofuf)" 동굴을 거쳐 "오만(Oman)"국경까지
밤엔 별자리 세고 낮엔 모래바람 속에 묻혀 갈 거야
죽다 살아나고 살아났다 죽고 다시 또 살아나면 반드시
신기루처럼 "룹알할리 الربع الخالي" 사막을 접수 할 거야
그 다음엔 "사하라"도 접수해야지
굶주린 사막 늑대는 조심해야 돼
늑대는 나 먼저 먹을까 낙타 먼저 먹을까 고민할걸
내가 먼저 늑대를 먹어 치워야지 안 그러면 낙타가 다쳐
먹고 먹히는 싸움이라 피 튀기겠지

낙타 목엔 풍경을 달아줄 참이야
멀리 대추야자 그늘까지 바람 따라 흘러가도록
내가 탈진(脫盡)해서 필름이 끊기면
낙타는 내게 오아시스 같은 젖을 줄 거야
나는 그럼 낙타를 업고 가야지

그렇게 우린 느린 걸음걸이로 서로를 탈 거야
함께 그림자가 되어가며
몇 날 몇일지나 보름달이 뜰 때 사막 가운데쯤
나도 긴 눈썹의 낙타가 되어 있으면 좋을 텐데
그러면 좋을 텐데……

내달 말 만기 되는 전세 보증금 빼서 낙타를 살 거야
속눈썹이 기린처럼 길고 깊은 아리따운 낙타로
우린 사하라 사막에서 결혼하고
나는 눈이 깊고 깊은 낙타가 될 거야
모래바람과 신기루와 사막 여우처럼 살아가야지

*따웁(Thoub) : 아랍인의 전통 옷으로 원피스 형태(주로 흰색)
*쉬막 : 태양광선을 막기 위해 머리에 쓰는 두건(머리를 덮는 천)

겨울, 아틀란티스 197쪽

베었다
날도 없는 책갈피가
검지 오른편으로 파고들었다
피를 부르는 예감
엷게 배어나는 선홍빛 핏빛이 뜨겁다
일련의 이런 범사들이 나를 지배한다
예견할 수 없는 소소한 사건들이
생을 가르는 삶의 궤적이라니 당치 않다
길고 긴 터널을 지나면서 가끔은 흐리고,
외롭고, 허망하고 오한으로 떨고 전율하고
부재의 존재를 좇는 갈망처럼
무의식 속에서 유랑하는 상실의 시대
유목민처럼 살아가는 처절함은
사막을 걷는 것과 같다
예기치 못한 일들과 마주치면서 질퍽거리는 당혹감
갑자기 텅 비어버리는 거리와
사라져 버리는 사람들과
껍데기처럼 비어버린 시공
그것은 부재 속에 존재하는 자아

환상의 대륙
환각의 섬
"아틀란티스"의 겨울

나를 베었다
빛바랜 사진 속에서 웃고 있는
낯선 자들의 도시
그곳으로 상처의 핏물이 스며들고 있다
나는 캔버스 앞에서 붓을 잡는다
그리고
돌아갈 수 없는 섬의 겨울 속으로
핏방울 하나를 떨어뜨린다

흔적

그가 나를 지나간다
어깨 위로
가슴을 밟으며
허리춤을 돌아
허벅지께로 둥글게 지나가는 소리가 들린다

버번 콕(bourbon coke)을 기우리다
긴 한숨으로 내뱉는 담배연기처럼
어지러운 기억들은 여전히 아련하다

지나간 길목마다 꽃이 피었다
개망초처럼 긴 폭우에 쓸려 몇 번을 눕고
다시 일어나는 희열의 함성
노랗게 노랗게만 피어났었다

오래잖아 죽는 날에도
지나간 길을 거슬러 그가 와줄까

비가 오면
목마 지나가는 요랑 소리가 들린다
귓불을 간간질이
볼록한 아랫배를 타고
발가락 사이를 애무하듯 빠져나가는

그의 키 작은
방울 소리가 들린다

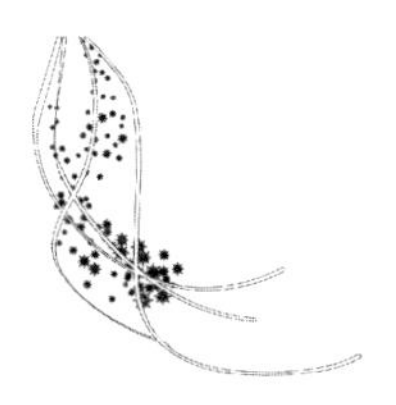

방랑

집을 나온 건 오래전 일이다
이젠 거리 생활도 익숙해져 일상처럼 편안하고 좋다
행여 아는 이를 만날까 조바심도 하지만
머리도 길고 터럭도 무성해서 알아보는 이는 별로 없다
살면서 못 가본 여러 곳을 자유롭게 종일 싸다니니 좋다
남산도 가고, 이태원, 혜화동, 안국동도 가고, 삼청동 한옥마을,
경복궁, 창경궁도 담 넘어들어간다
까짓것 조선왕조 임금님들도 밀행차 넘나들던 담인데 뭘…
삼시세 때는 아니라도
때가 되면 공짜 밥 주는 곳도 몇 군데 알고 있고
뼈 맞닿는 딱딱한 잠자리지만 이곳저곳 누울 곳도 지천이다
운 좋으면 노숙 동기와 낙원상가 지하에서 값싼 지짐이에
탁주 한 사발도 얻어 걸친다
사연이야 각설하고
누가 나가란 소리는 없었지만
턱 쳐들고 집에 있기가 안쓰러워 눈치껏 가출했다
여러 해 지났지만 어느 누구도 찾는 기미는 없으니
오히려 속 편하다
인생은 어차피 혼자 왔다 혼자 가는 거니까

그래도 요즈음이
평생 살아온 삶 중에 제일 편하고 행복하다

내일은
삼각산 골짜기 은밀한 빨래터로
밀린 빨래나 하러 갈란다
참…오늘
인사동 '귀천(歸天)' 宅 목여사님이 나들이 끝내고
귀천했다던데……

예나 지금이나

김영철

• 시사문단 신인상
• 월간 시사문단 시 부문 등단
• 한국문학작가연합 회원

생명의 꽃

보이는 것들 사라지고
보이지 않게 가려지고
들리는 소리 막아내고
듣고픈 소리 쏟아내고
있는 것 가리어지고
없는 것 만들어내니

있다가 없고
없다가 있다
없다가 있고
있다가 없다
어이가 없다

와릉와릉 기계소리
산천초목 합동장례
어이하나 울음소리
장막 뒤엔 웃음소리

너도 알고 나도 아는
그 뒤에는 죽음 하나
죽음으로 죽임 막는
생명 위한 죽음 하나

잘려진 나무 깎아
묵 갈아 글을 쓰고
삶을 위한 죽음 하나
강어귀마다 꽃나니

피어나라 생명의 꽃
부르거라 삶의 노래

칠면초 붉은 섬에서

무슨 말을 하는지도 모른 채
입은 말하고
눈엔 너의 표정만 가득했다

보고 싶은 얼굴 옆에 두고
먼 산에 눈 두었으니
오는 길이 아쉬웠다

오른쪽 눈에 이야기할까
왼쪽 눈에 이야기할까
그러다 못 한 이야기

그런 때가 있었다

같은 초록이래도
고목나무, 가지도 뻗지 못할
새싹이 안쓰럽다

지나가는 차에 손 흔들면
태워 줄 듯도 싶은데
망설이다 섬 끝까지 걷는다

잿빛 갯벌에
레드카펫 깔리는데
못난 발걸음만 땀에 절어가며

오른쪽 눈에 이야기할까
왼쪽 눈에 이야기할까
그런 때가 또 올까?

예나 지금이나

우리를 등지고
"니하오마"
하던 사람들

한때는
"아리가또~"
하더니

지금은
"컴온 땡큐" 란다

살아서
우리를 버린 사람들
죽어서도
우리 안에 있다

"니하오마" 하다가
"아리가또 "하기도 하고
"컴온 땡큐" 하면서

예나 지금이나……

춘설주(春雪酒)

나풀나풀~ 춤을 추며
다가와 멀어지는 손짓
그 유혹 물리치기 힘든
팔소매에 바람이 들어
뛰어내리고 싶은 충동

백매화로 활짝 피어난
춘삼월의 함박눈 유희
계절이 섞여든 혼돈 속
춘설의 유혹 물리치나
밤이 버거워져 술 한 잔.

젖몸살 클리닉

부풀어 오르는데
커져만 가는데
막내 낳은 어머니
크-은 젖가슴이 아프시다는데

셋째야-, 넷째야- 이리 오너라
어머니의 젖몸살만큼
안타까운 아버지의
지엄하신 명령이다

몽실몽실 어머니 젖가슴
싫지만은 않은 명령에
초등학생 셋째와 넷째는
서로 쑥스러운 눈치 하며
크-은 젖 하나씩 물고
쪽-, 쪼옥-

우리 동네 새로 걸린
젖몸살 마사지 간판
요즘은 젖몸살 함께 해주는
아버지가 없나 보다
요즘은 젖몸살 클리닉 해줄
형이 없는 탓인가 보다

아!
이제 가을 오는데
내 그리움의 젖몸살은
내 사랑의 젖몸살은
어찌해야 하나
어머니의 크-은 젖가슴만큼이나
부풀어 오르는데
커져만 가는데……

문자씨는 기차를 타고

김진섭(필명 : 정인(淨仁))

• 대전 생
• 문예사조 시부문 등단
• 한국문인협회 대전지회 회원
• 한국문학작가연합 회원

변산반도를 다녀와서

모르는 초행길
고속도로 휴게소에서 얻은 지도에도
목적지는 없었다

시간이 무너진 길을 나섰다
다만
내가 달려간 거리만큼 함몰된 길 위에 시간이
내 뒤를 밟고 있었다

하얀 장딸기꽃 흐드러진 적벽강 절벽으로
바다가
울렁이며 다가오는가 싶더니
채석강 암반에 부서져 달아나고
해송 숲으로 불어오는 염도 높은 바람도 멈추지 않는다
내 생의 아름다운 봄날 하루가
모항 해수욕장 소라껍질 어둠 속으로
묻혀질 즈음
내소사 독경은 푸른 전나무 숲으로 밀려 나왔고

평온한 수평구도의
노란 유채꽃 바다에는 곰소만 젓갈냄새가 묻어났다
지도 위에 표시된 모르는 길은
개암사로 달리는 내 뒤를 밟는다

곰소만
염전에 녹아내렸던 시간들은
몰래 몸을 일으켜 미행했던 길을 막아서더니
투명한 더듬이를 내밀고
이미 추억이 된 기억들을 하나 둘 꺼내어
제 하얀 소금무덤 속에
염장해 놓는다

운산 산 방(雲山山房*)

나 없거든

거기
지리산 청학동 돌아 좁은 고갯마루
구름 걸친 곳
바람이 대숲으로 들어 길 잃은 곳

산감나무 문 열고
졸졸
한 줄기 물소리 층층나무 아래로 흘러내리는
황톳빛 토굴로 들었다 생각하시게

산방
아늑한 다락방 양철지붕에 눈 내리는 소리
귀 기울여 가슴에 담고 있다
그리 생각하시게

사락사락
깊고 깊은 대숲으로 싸락눈 내릴 즈음
어느 가을

홀려버린 홍시 맛에 이끌려
세상 밖 구름을 열고
산 첩첩 산방에 들어 산이 되었겠다 생각하여주시게

세상 어디에서도
달빛 그림자 하나 보이지 아니 하거든
가슴에 문득
누추한 그림자 하나 그려지거든

*雲山山房 : 토굴이라 불리우는 운산스님의 수행처
임의로 '운산산방'이라 하다.

문자씨는 기차를 타고

계룡산
지석골로 들었다던 문자씨가 떠나네
기차를 타고 떠나네
장군봉에 올라 푸른 소나무 사이로 떠나네
갈참나무
굴참나무 신갈나무 무성한 숲의 터널을 지나
병사골 아래로 미끄러지는 기차
박정자 삼거리 느티나무도 뒤로하고
기차에 오른 문자씨가 떠나네
쩍 갈라놓은 붉은 수박을 남겨두고
타고 온
노랑비타민 트럭의 꿈에서
꿈으로 접은 종이비행기 파란 허공에 띄워놓고
문자씨가
하오 5시 33분 기차를 타고 떠나가네
체리마루 녹이던 입술로 구구콘을 녹이며
노을 속으로 떠나가네
우직한 바위산에서라도 만났더라면 멋쩍게도
무척 반가워했을 문자씨가

주머니 속에
부르르 떨리는 몸짓으로
늦은
기별의 불빛 편지에 짧은 웃음의 자음만 털어놓고
영영 만날 수 없는
두 줄기 은빛시간 괘도를 타고
초록빛 기차는
한 번도 만난 적 없는 문자씨를 싣고 떠나가네

내가 아들 녀석의 노랑셔츠를 입고
아내와
관음봉에 오르던 날이었네

사람에게서

사람에게서 풀 냄새가 납니다
사람에게서 꽃 냄새가 납니다
사람에게서
사람에게서 구름 냄새가 납니다
사람에게서 하늘 냄새가 납니다
사람에게서 바람 냄새가 납니다
사람에게서
사람에게서 꽃 냄새가 납니다
풀빛 지평선 한복판
초록빛 풀잎에
풀빛 방아깨비가 나지막이 앉아 울던 마을
감자 꽃 피고 지던 그 마을
사람에게서
풀 냄새가 납니다
풀밭에 앉아도 구름 하늘 바람
그립던 시절로 돌아누워도 풀 냄새가 납니다

사람에게서
그 꽃 냄새가
사람에게서 사람냄새가 납니다

섬에서

외로워서 사람이다*
외로워서 섬이다

외로움은
외로움을 그리워하나 보다
섬은 사람이 그립고
사람은 섬이 그리웁고

섬은
외로워 꽃을 피우고
사람과
사람 사이 그리워 꽃을 피우고

그리워서
하늘로 꽃이 피는가보다
그리워서
섬으로
무지개다리가 놓이나 보다

외로워서

너와 나의 하늘에

오색

꽃무지개가 놓였나 보다

* 정호승님의 시 '수선화에게' 서 '외로우니까 사람이다' 를 인용.

파란 하늘이

박가월

• 1954년 충남 연기 출생
• 월간 「문학21」 시 5편 발표로 문학활동 시작
• 월간 「문학세계」 시 신인상
• 스토리문학관 동인
• 한국문학작가연합 회원 · 편집국장
• 현대문학사조 편집위원
• 서울대문예지 제 1 회 우수작품상(2008)
• 시집 「황진이도 아닌 것이」 외

• http://blog.daum.net/gawoul

파란 하늘이

파란 하늘이 슬프다는 것을 이제야 알겠다

파란 하늘을 보고 좋아하며 뛰어놀던 철부지 시절이 부끄럽다

파란 하늘이 서러운 것은 어머니가 그리운 뒤부터였다

어머니는 파란 하늘이 당신의 파란만장한 삶처럼 가슴이 멍들어 파랗다고 했다

자식을 키우고 인생살이 헤쳐 가며 살아온 서러운 날들을 하늘이 알고 대변해 준다고

어머니는 믿었다

어머니 나이가 되어서 파란 하늘에 왜 눈이 시린 줄 이제야 알겠다.

더위

몸치장을 할 수 없다
이런 날엔 치장을 해도
아름답지 못하다
장미꽃같이 겹이 있어야
꾸밈이 가능한데
여름은 실오라기 하나도
벗어 던져야 하는 몸
땡볕의 속성은 나체를 좋아한다.

애정결핍증

사랑하는 사람끼리는 항상 시간이 모자란다. 사랑은 받아도 채워지지 않아서 만나고 돌아서면 또 보고 싶다. 사랑하는 사람과 있으면 애타는 마음이 가라앉고 바라만 보아도 사랑이 넘쳐나 행복하다. 아이들이 엄마에게 떼쓰는 것은 자기만을 사랑해 주기를 바람이듯, 사랑하는 사람이 남들에게 친절하고 관심을 보이면 질투한다. 그만큼 내게 돌아오는 사랑이 희석되기 때문이다. 그래서 사랑은 간섭하고 화를 낸다. 내가 사랑하는 사람은 나만 소유하고 싶다.

형兄

형은 동생이 못 살아 보이는지
동생이 풋내기 여리게만 생각하는지
술을 같이 해도 형이 술값을 낸다
형은 잘 사는 것이 아닌데
육십이 넘어서도 직장을 떠나지 못하고
형이 벌지 않으면 안 되는 처지인데
그래도 형이 낫다고 생각하는지
동생한테 도움을 주려고 한다
젊었을 적에는 의견 충돌도 있었지만
지금은 동생 의견을 존중해 주고
맞는지 안 맞는지 모르지만 내 말을 따라준다
형은 좋은데 형이 못 산다
형은 동생보다 낫다고 생각하는지
동생은 그런 형이 좋지만 마음이 슬프다.

한남자의 한달생활비내역

1

아내는 쥐어짜더군
한 달 월급이 쥐꼬리 만치라고
먼저 기가 죽어 용돈을 팍팍 달라고
손을 내밀 수도 없지 요즘 남자들은 불쌍해
벌어다 주고도 찍소리 못한다고
나같이 능력 없고 무능한 인간 탓이겠지
어떻게 보면 노예나 다름없다고
월급은 통장으로 들어가
닭 모이 주듯 질금질금 타 쓰니 말이야
예전에는 작은 차라도 타고 다녔지만
기름 값이 만만치 않아 집에 반납하고
전동차를 타고 다니지
한 가지 좋은 점이 있더군
책을 많이 접할 수 있다는 장점이야
요즘 친구들 만나기도 힘들어
술 한 잔 제대로 사주지도 못하니 말일세
경조사는 왜 그렇게 많은지
인간관계는 안할 수도 없지 않은가

집에 손을 내미는 것도 한계가 있고
쥐꼬리에서 떼어주는데 경조사 얘긴 말도 못하네
쥐 오줌만큼 던져주고는 알아서 하라는 식으로
일방통행이야, 죽을 쑤든 죽을 끓이든 알아서 하라는데
어디에다 하소연을 하겠는가
이 시대에 태어난 세상이 원망스러운 거지

2

이게 내가 쓰는 한달 기본 내역이라네

전철요금 이천이백원	66,000원
점심식사 삼천원	70,000원
커피 하루 두 잔 사백원	12,000원
휴대폰요금 할부까지	50,000원
효도비	30,000원
모임	30,000원
이발비	8,000원
월간지구독료	10,000원
경조사비	50,000원

술값	50,000원
잡비	30,000원

기본이 이렇지 않은가 싶네
이것(405,000)만 들어가겠나 들어보라고
교통비는 한 달로 계산한 거지
생기는 것은 없어도 갈 데는 많더군
이것도 적게 쓴 거야 기준이 없거든
커피야 안 먹을 수 있지만 왜 그런 거 있잖나
분위기도 잡고 그런 거 말이야
직장에 자판기 커피가 싸니까 다행이지
월간지를 체면 때문에 한때는 네 권도 봤지만
줄이고 실속을 차리기로 했어,
여기에다 가끔 책을 사보기도 하지
어머니 효도 비는 오래전부터 책정해
통장으로 들어가는데 올려드리지 못하고 있네
지금은 아주 적지만 그때는 큰돈이었지
어쩌겠나, 이렇게 빈약하게 산다네
경조사는 한 달 한건 기준을 적은 거야
건수를 알 수가 없잖은가 없는 달도 있지만

친척이라도 걸리면 이것만 들어가겠나
친하지 않은 친구는 안면 몰수라네
술값은 말 안하는 게 날 것 같네 그려
친구들 지인들 만나면 이것만 쓰겠나
그 비용이 제일 많이 들어갈 걸세
아내가 알면 용돈이 뚝 잘린다네
와이셔츠는 못 사 입어도 술값은 나오더군
한 잔 사면 안 살 수도 없잖은가
집에다는 허구한 날 얻어먹고 다니는 거야
매일 술사는 양반도 바보라고 하더군
잡비도 있어야 되네. 간식, 음료수 등 꽤 들어가
그나마 담배를 안태우는 게 다행이지
이게 인생인가 싶네 안달하며 산다는 것이.

2005년도 씀

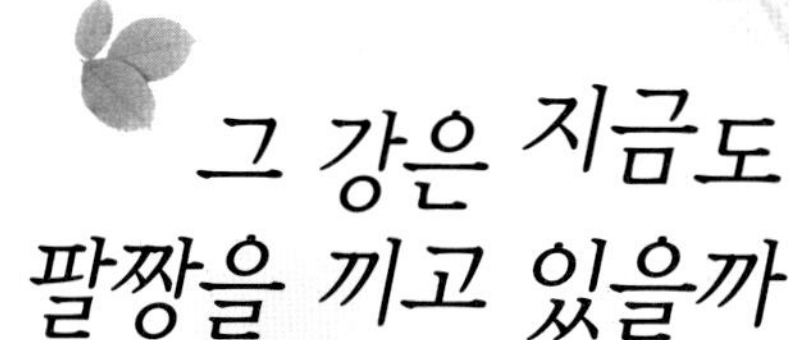

그 강은 지금도 팔짱을 끼고 있을까

박종미

- 월간 「시사문단」 등단
- 시집 「그대 부르는 소리 들리는가」
- 천상병문학제 귀천문학상 수상

삶

다가서면 어느새 삐죽삐죽
가시가 튀어나오고
외면하면 한없이 비척비척
눈앞을 가로막는

부딪치고 깨질 때면 물렁물렁
문어가 부럽다가도
걷고 뛰고 짐질 수 있는 뼈가
고마울 수밖에 없는

썼던 펜으로 지그재그 동글동글
틀린 글씨를 뭉개듯
말과 걸음을 지그재그 동글동글
뭉개고 가긴 어려운

현생의 운전

무작정 나선 길
마음에 드는 목표점을 골라보자 하고
이정표 따라가다 어느 시점부터 더 이상 보이지 않아

잘못 꺾어 든 길
이 길은 아니라며 유턴으로 되돌아 나와
다시 찾아가던 이전 길
더 이상 그 이름은 나타나지 않아

유사 지명 따라 어쩐지 뱅뱅 돌고 있는 것 같으니
이러다가 간 곳 없이 출발지로 향하게 되는 것 아닐지

마침 눈에 들어온 다른 지명을 택해 꺾어 봤다가
특정한 목표 없이 자유롭게 나선 길이니
어딜 가든 괜찮다 하고

모르던 마음의 안식처로 들어가 거닐다가
무지개 꽃밭에서 도시락을 먹고
추억을 담아 집으로 가는 길
잠이 쏟아져 등구나무 그늘 덮고 한숨 자고

그 강은 지금도 팔짱을 끼고 있을까

그 강가 지금도 차를 피해 쪼그리고 앉아
나물을 뜯고 있는 이들이 있을까

강풀이 올라와 종종종 가는 다리로
흐르는 물을 버티고 서성이는 새를 만들고

다리 위에는 누군가가 새를 가슴에 넣었다가
눈을 들어 팔락팔락 날려 보내는 동작

태양은 슬그머니 두툼한 이불 속에 들어가
꿈을 꾸다가 안대 속에서 울어 안대만 적시고

그런 건 아랑곳없이 가진 대로만 흐르며
살랑살랑 물풀을 키우고 있던

마음 여유로운 그 작은 강
지금도 팔짱을 끼고 환히 웃고 있을까

토끼 달팽이

어둑어둑 해질 무렵 당근 먹는 달팽이 모습
동그랗게 오므린 몸, 쫑긋 세운 두 촉수
오호! 달팽이야 너 정말 토끼 같다

요즘 같은 세상에 고이 살아 있는 것만도 기적이지
기본적인 삶을 사는 것만도 엄청 고마운 일이지
토끼 같은 달팽이와 함께 사는 것도 기쁨이지
그럼 됐지
랄랄라 노래를 불러야지
나는 달팽이 나는 토끼 나는 나는 토끼 달팽이

열대야

방에서 자다가 거실로 나왔다가 다시 방으로 다시 거실로
시계는 늘어질 줄 모르고 정확히 똑딱거린다
정확히, 그걸 내가 어떻게 알 수 있을까
길 건너 맞은편 단지 아파트에서 문득 생각난 듯 아기가 운다
저 아기는 언제부터 저기 있었을까
바쁜 자동차 소리
잠은 무슨 잠이냐며 와르르 오토바이 소리
이때를 포착한 누군가의 고함 소리
저 아래 두런두런 얘기 나누는 소리
불빛보다 훨씬 많이 세상은 깨어 있다
그 세상 어딘가에 떠서 나는 가물가물 꿈을 꾼다
작은 눈, 새크! 슬플 땐, 새크! 인형극을 하며 노래를 부른다
새크가 떨어뜨리는 눈물방울은 구슬로 엮여 발처럼 드리워지고
구슬은 알알이 해맑은 장난꾸러기 표정을 하다
춤추며 웃음을 터뜨리는 열차가 되어 달린다

공중을 가로질러 뽐내는 열차 소리
그 소리는 파도 소리
바다로 들어가는 석탄열차 소리
어느새 희부옇게 깨어나는 아침이다
파도에서 솟아올라 하늘로 날아가는 수천 대의 마차 소리

바다가 그리운 외포리

여규용

- 문예사조 등단
- 충남문인협회 회원
- 대전문인협회 회원
- 글벗문학회 회장
- 한국문학작가연합 회장

갯벌 속의 삶

내가 너를 버리거든
너는 나를 미워하지 마라
푹 꺼지는 갯벌위로
갈매기떼 내려앉거든
버려졌던 네 몸 하나 제대로 추슬러
순간처럼 다가올 마지막 순간을
모래 속으로 숨기거라

턱턱 숨 막히는 검은 갯벌 위
바람구멍처럼 뚫린 작은 구멍 속엔
구겨진 삶이 피난을 왔다
호미 하나로 그들의 피난처를
사정없이 파헤치는 나는
무허가 철거 업자가 되어 있었다

미안해요

미안해요
이렇게 조용한 밤이면 문득문득 생각을 하게 되어서
하지만 어쩔 수 없는 것을 어찌합니까
마음이 답답할 때에는
어디론가 훌쩍 떠나곤 하였는데
이제는 이렇게 가만히 집에 머물며
어둠에 갇혀 버린 먼 시가를 내려다보는 일이
참 좋다고 느껴집니다.

미안해요
오래된 추억을 이제는 잊어야 하는데
남겨주신 그 향기가 너무도 강하여
자꾸만 슬퍼지는 내 맘을 주체하지 못합니다.
그리워서요
보고 싶어서요

미안해요
이제는 거뜬히 이 삶을 이겨내야 하건만
쌓여만 가는 삶의 무게에
찌들고 짓눌린 일상들과 함께
하루하루 살다보니 그리되었습니다.

보온 밥통 속의 나

하루하루
삶이라는 고달픈 여정이
시간이라는 커다란 밥통 속에서
또 다른 내일을 생각하며
보온 상태로 된다
보온 중
빨간불 들어온 보온 버튼이
유난히 크게 보인다

먼 훗날
보온밥통을 열었을 때
거기 보관되어있던 내 뜨거운 사랑이
기다림이라는 길고 긴 세월 속에서
행복이라는 기쁨으로 나를 찾아 준다면
그것은
그것은 네가 할 수 있는 나에 대한
뜨거운 배려일 것이다

오늘도 가만히 내 하루 일과를
너라는 예쁜 보온밥통 속에
아무도 모르게
보온상태로 저장 한다

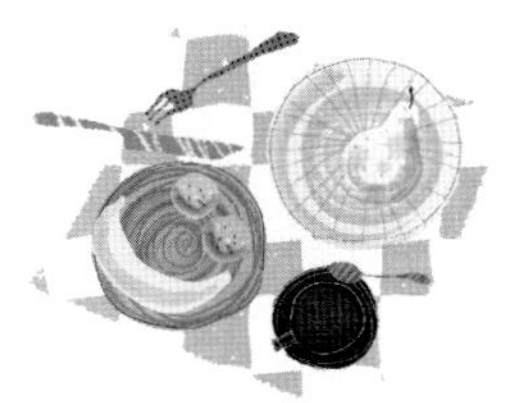

바다가 그리운 외포리

바로 앞이 바다인 곳
그러나 늘 바다를 그리워하게 하는 곳
외포리
그곳에는 밤새 비가 내렸다
별빛 같은 비가 내렸다
아침이면 신기루처럼 사라질
어쩌면 닳고 닳은 고무신처럼 느껴지기도 한
그곳 외포리 바닷가

왁자한 소란스러움에
다시금 적막에 잠길 풍경이
가슴속 뜨거운 열기로 모닥불을 일군다
타닥타닥 모닥불 타들어가는 소리
아마 그것은 시들어 버린 낙엽 같은 마음에
생기를 불어 넣은 생명의 소리일 것이다

종일 흙탕물 같은 바다 위를
소란스런 바람이 되어 헤매어 본 하루
바다가 바로 앞인데도 늘 그리운 것은
왜일까
늦가을 햇살이 내려앉은 외포리는
그런 내 마음을 알까

(2009.11.1. 외포리 문학기행)

술이 그랬다

혼돈 위 시곗바늘
초침도 방향을 잃은 듯
나락으로 떨어져 내리는 시간이다
바람도
비도
그들도 미쳐 펼쳐보지 못한 춤사위를 보는지 차츰 잦아들고
게슴츠레 웅크린 술기운을
불쌍한 듯 어루만진다.

아하
술이 그랬다
얼콰한 얼얼함이 가슴으로 밀어 오를 때
그 술이 나를 달래주고 있었다
한잔이 두잔 되고
두 잔이 세잔 되고
이어지는 함께 부르는 흥얼거림의 합창소리
그것이 시가 되고 글이 되고
종래에는 어린아이가 되었다

술이 어린아이가 되었다
술 속에 내가 있었다

(2009.11.1 외포리 문학기행)

전화기 없는 하루

유미란

• 한맥문학 신인상 등단
• 한국문학작가연합 회원
• 시집 「창가에 핀 그리움 하나」
「창가에 닻을 내리고」

봄비

저기 반듯하게 걸어오는
벅찬 떨림이
그대였으면 좋겠다

오는 길 한눈팔지 않고
곧장 내게로 달려와
자박자박
가슴 적시는 두근거림이
그대였으면 좋겠다

차라리 내가
그대에게 흘러들어 가
더 큰 울림으로
푸른 물
넘쳐나 출렁대는
연둣빛 그리움이었으면 더 좋겠다

흐린 하늘만 봐도
그대 언제 올지 금방 알 테니

일출(日出)

붉어진다는 건
몸속에 불덩이가
점점 커지고 있다는 거

아, 저기
붉은 꽃봉오리가
비단 천 꽃대에 받쳐서 올라오더니
환장하도록 붉게 쏟아지더니
온몸 물결처럼 번지더니
끝내는 못 이긴 척
황금빛 속살 내보이고 마는 찬란한 꽃송이여

그것이 내 마음인양
고개 들어 눈 마주치지 못하는 부끄러움이여
그 어디에
이토록 뜨거운 사랑 있으랴

방황

폭우 속에서도 꺾이지 않고
푸르게 살아나 꽃 피우는
저 연약한 코스모스에 묻고 싶다
속까지 타들어가는 긴 여름
어떻게 견디어 꽃 피워냈느냐고

전화기 없는 하루

전화 하나 없어졌을 뿐인데
이렇게 고요하고 홀가분할 수가

손 전화는 아들이 데리고 나갔고
집 전화는 없어진 지 오래

이런 홀가분한 자유라면
나간 김에
아주 잃어버리고 와도 되겠다 싶다가도
수시로 찾아오는 이 불안한 기다림은 또 뭔지
자꾸만 눈이 시간을 더듬는다

창문을 열었다

겨우내 닫아 두었던 창문을 열었다
볕 좋은 창에 기대어 꾸벅꾸벅 졸고 있던 바람
방으로 들여
내 몸 안에 가뒀다. 그를 온몸으로 거뒀다

바람에 내 모든 걸 맡겨 본 게
얼마 만인가
바람의 손끝은 부드럽고
혀끝은 벚꽃 향기 묻어 달콤하다

그가 지나온 길 어디쯤
나 모르는 그의 손길 닿았을 벚꽃 몇은
절정에 자지러졌을 것이고
그대 달콤한 귓속말에 속아
가지도 채 여물지 않은 어린 개나리들
영문도 모른 채 꽃잎 열었다 상처받았을

성도 차지 않는 이 시원찮은 봄볕에
내 마음 응달에 간질간질
왜 꽃대는 올라와
골반이 열리며 복부가 팽창해오는지
나도 잘 모르겠다

보나 마나 내게 주술을 부린 게야

오늘 같은 날은

윤인환

• 경기 화성 출생
• 문학사랑 詩 등단
• 사)한국문인협회 화성시문인협회장
• 한국작가회 중앙위원
• 화성문화원. 문학사랑
• 한국문학작가연합 회원

抵抗(저항)

구겨진 일상인 듯 찌지직 뿌지직 TV 화면을 무참히 깨트리는 늙은 비디오를 고치려고 드라이버를 찾아 해체를 했다

황계리 논처럼 반듯하게 구획정리된 사각진 동네엔 리드선을 이어놓고 은빛 둑을 쌓아 좁다란 골목길을 내고

동그란 집 사각집들을 짓고 알록달록 예쁘게 치장한 MAIN PCB 푸른 숲 동네

승리한 자는 날 때부터 승리자인가

콘덴서 스피커 RGBLED는 연초록 숲에서 여유롭고 한가로운데

저항은 자기저항의 이유를 찾아 케케묵은 먼지 속에서도 애쓴다 운다 버틴다

흑색 띠를 온몸에 칭칭 감고 미지의 죽음과 어둠 같은 우울 혼돈 그리고 신비의 무의식까지 끌어안고 버티고

적색 띠를 온몸에 칭칭 감고 격렬한 격정에 울며 무질서에 희생되어 짓밟힌 그 옛날 피의 역사를 회상하며 맞서고

초록 띠를 온몸에 칭칭 감고 성장 속에 가려진 희망과 순수자아의 감각을 일깨우고저 대듦의 자세를 취하고
회색 띠를 온몸에 칭칭 감고 희뿌연 도시골목길 막걸리 한잔에 쿨럭이며 취해버린 아버지를 생각하며 세상과 겨룰 자세를 취하고
노랑 띠를 온몸에 칭칭 감고 자유와 평화를 부르짖다 산화한 뭇 선열들의 정신을 안고 버티고 있다
모든 이의 행복에 대한 동일성을 위하여 웃음의 전체성을 위하여 동그란 원을 휘휘 그리며 버티고 있다

오호 지긋한 마른 삶이여!
우리가 살아온 역사는 저항에 저항한 우리가 추구하는 예술도 저항에 저항한 아름다운 발자취거늘
흔들리는 그림자는 구들장을 자꾸만 파고들며 누우려하고
독산성(禿山城)에 걸터앉던 달빛 하나 둘 황구지천에 풍덩풍덩 뛰어드는데
시방 난 무엇에 저항하는 것일까

오늘 같은 날은

누구나 아는 명제. 누구나 걷는다. 아니 걷다가 선다
갓 태어난 동물들도 아기들도 아장아장 걷다가 선다
엄마 젖을 뗄 때쯤 용트림하듯
온 몸짓으로 걷다가 섰을 때의 표정을 보라
수직적 중력을 자랑함은 하얀 부고장 돌린채 밑둥으로 버티는 고목도
봄날의 이름 모를 잡초도 건물도 마찬가지
서 있다는 것은 세상 풍경 속에 제 존재를 각인시키는 것
그 얼굴은 웃음을 머금고 우주의 고요한 평화를 여과 없이 맞는다
그러고 보면 땅을 딛고 걷는다는 건
어디선가 우뚝 서고 싶다는 원초적 욕망의 출발이 아닐까?
바람에 일렁이는 풀도 보고 꽃도 보고 구름도 벗 삼아 걷다보면
마음 한켠 알싸함 같은 것 허전함 같은 것 속 쓰림 같은 것
출렁이다 뒤섞이고 희석돼 또 다른 희망이 되리니

대지를 간지럽히며 햇살 돋는 오늘 같은 날은 그저 걷고만 싶다

정처 없이 걷다 걷다가 저 어드메쯤에서

오동통하고 도도하며 까칠한 삶의 귀때기 날쌔게 잡아채 따져 묻고 싶다

오늘 같은 날은 낡은 수도꼭지를 빨다 잠이든 게으른 붉은 호스의 곡선도

불끈 힘주면 일어설 그 빳빳한 직립(直立)을 꿈꾸기에.

필연의 서(書)

어느 날이었던가

나는 너를 알지 못했고
나는 너를 부르지 않았지만
처마 끝 풍경을 울리려 온 바람처럼
어둠을 찢고 달려온 햇살처럼
어느새 너는 나에게로 오고 나는 너에게로 기대었다
서로를 부르기 전에 운명이 되고 숙명이 되어
그렇게 너는 나에게로 오고
나는 말문을 닫은 채 뚜벅뚜벅 미친 듯 너에게로 향했다
계절이 오고 가는 길목의 어스름한 달밤엔
너를 붙잡고 바보처럼 목 놓아 울기도 했고
너를 잊지 못하여 차마 버릴 수 없어
술잔을 부여잡고 흐느끼기도 했었다
노송의 외투인양 켭켭이 쌓여져 벗길 수 없는
차마 울 수도 없는 옹이가 되어 푸석한 핏빛 멍울들을
빗물에 기대어 흘려보내며
질척이는 한밤을 지새기도 했었다
너는 언제나 절대빈곤의 철학자인양 씨익 웃으며

잊혀지지 않는 추억으로 살고
나는 너의 발자국을 따라
오늘도 터벅터벅 길을 찾아 거닌다
너를 외면하려 애써보지만 너는 나를 부르고 있다
긴 머리 휘날리며 자음의 몸짓으로 부르다 허공을 향해 운다
갸름한 모음의 몸짓으로 울다 푸른 여백으로 사라진다
이젠 더 이상 숨을 곳이 없는 헛헛한 가을 들판에 선 너와 나의 혼불이여
샹송이 춤추는 갤러리카페의 비엔나커피 두 잔을 마셔도
늙은 숫소의 울음 끝에 매달린 허무의 살점인양
괜스레 어금니 한쪽 휑하니 시려오고 눈물이 핑 도는
서럽고 서러운 너와 나의 그리움이여
사랑이여 詩여

제부도

철지난 바닷가,
금모래 알들이 바닷물을 부여잡고
뻘뻘 땀 흘린다
덩달아 지나던 게 한 마리도
이 악물며 끝자락 잡고 있다
어느 봄날
햇살과 목련의 신경전인 듯 팽팽하다

철썩이며 구겨지고 울부짖다
풀 먹여 다려 놓은 광목인 듯
끝내 곧게 펴지는 바다
그들만의 자유
그들만의 그리움
애증의 목마름을 적시며
한낮의 정사를 맘껏 나눌 수 있는
춤추는 푸른 침대다

낼 아침엔,
달빛으로 잉태된 그들의 후손들로
매바위 금모래 해변이 한바탕 시끄럽겠다

NO1= 커피 세잔을 마시며

처음이라는 것,
백지에 처음이라고 적으면 늘 설레임이 앞서지요

미지의 세계를 여행하는 기분이랄까?
새로운 길에 대한 호기심이랄까?
흥분이랄까?
봄이 오고 여름 오고 가을 오고 겨울이 와도
달콤한 풍경들 달콤한 맛 향기로운 느낌들
누구나 처음은 아름답다 느껴지지요
그래서 더욱 우리들 뇌리에 남아 있는 것이겠지요
무슨 일을 시작하든 무슨 생각을 하든 어디에 살든지 간에

늘 처음이라는 생각을 하면
왠지 모르게 생기가 돌고 힘이 솟지요
모든 삶의 출발점이기 때문에
처음이 갖는 의미는
우리가 살아야 할 의미가 아닐는지요

늘 처음에 서 있길 원하는 건
그대 향한 나만의 허황된 욕심일까요?

인어공주

이경란

• 2000년 월간 문예사조 수필부문 신인상
• 2003년 계간 자유문학 시부문 추천완료
• 한국문학작가연합 회원
• 시집 「오늘 뻐꾸기가 울었어」(2005.2.20)

보석

야자나무 이파리에
떼구루루 구르는 진주

칸타마니 화산에서
바뚜루 호수를 바라보는 루비

파란하늘 담은 소중한 마음 곱게 빚어
투명해서 더 맑은 사파이어

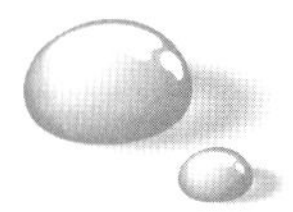

대문자 S라인

무엇이든 시원시원
자잘한 것은 몸도 마음도 다 싫어

몸매만 매혹적인 S라인이 아니었어,
그녀는.
풀잎의 이슬처럼 섬세한 마음속에
마음은 더 멋진 S라인이었어,
그녀는.

인어공주

인도양 바다 속 산호초 사이를
자유롭게
유영하다가, 유영하다가

노을빛 아름다운 본 사이 비취에서
헤엄쳐 들어간 눈동자
깊고 그윽한 속.

발리의 여인

가녀린 손끝 나를 향해
살랑살랑
찰랑이는 긴 머리 위 천리향 내음.
하늘하늘
찍고 또 찍는 발끝
사뿐사뿐

춤추는 여인의 붉은 치마 속으로
힐끗 힐끗
비추는
살라 빛깔 속살

우리

위하고 더 위하는
낮추고 더 낮추는
우리 사랑

신데렐라

이명렬

• 한국문학작가연합 회원
• 시집 : 한국문학작가연합 제5집

개구리 왕자

아주 멀고 먼 곳에 섬이 하나 있었네, 사실 섬은 무수히 많은 것이었으나 그래도 섬이 하나 있었네,

그 섬에는 검은 풀이 무성히 자라난 곳에 항상 마르지 않는 샘이 하나 있었지, 쉬-이!

비밀인데 그 샘은 마르진 않았지만, 샘인지도 모르게 고여 있는 법도 없었어,

샘이 있는 섬엔 당연히 공주가 있었지, 쉬-이! 비밀인데 공주도 검은 풀이 무성히 자라는 샘을 하나 가지고 있었데, 공주가 있는 나라 당연히 왕자도 있었지, 그런데 왕자는 미끌미끌 개구리였고, 왕자는 샘 주위를 항상 서성거렸어,

그 섬에는 다른 샘이 없었고, 왕자는 개구리였으니, 쉬-이! 공주는 샘을 부끄러워했어, 흉측하다 생각했거든, 아름다운데 촉촉한 이슬이 머금은 듯 살짝이, 검은 풀들에 가리워진 샘은 아름다웠고, 고운 향이 풍겨났지만, 공주는 부끄러워 샘이 있다는 것을 모른 척 하기만 했지, 그래도 공주라서 왕자를 만나야 하는데, 왕자는 항상 검은 풀 무성히 자라는 샘 곁에만 있었어, 그래도 공주라서 왕자를 만나야지, 그런데 왕자는 미끌미끌 개구리야, 왕자는 항상 샘 주위만을

서성거리지, 가끔 왕자는 샘 속으로 사라져 보이지도 않았는데, 쉬-이! 공주도 알고 있어, 왕자가 어디에 숨었는지, 두근두근 기다리는 마음으로 붉어진 볼을 들킬까 눈은 감았지만,

아주 멀고 먼 곳에 섬이 하나 있는데, 미끌미끌 개구리 왕자는 검은 풀 무성한 샘에서 공주를 만나고 있어, 공주는 가끔 개구리 왕자를 쓰다듬어 주지, 왕자는 작은 개구리였으니까, 쉬-이! 아무도 방해하지 마, 왕자와 공주가 만나고 있으니까,

나쁜 마녀와 무서운 용이 눈치 채지 못하도록, 모두 다 쉬-이!

인어공주

어느 곳에, 사라져 가고 있는 영혼이 있다는 소식을 들은 적 있나요

당신이 더 이상 당신이 아닌 것 같아질 때

다른 곳, 어느 곳에서는 무심히 그 소식을 듣게 되겠죠

어찌 이리 쉽게도 영혼은 제 몸을 떠나

그대에게로 다가서는지

다시 되 돌아올 길을 지우며 떠나는 나의 영혼에게

잠시 짧은 인사를 전할 틈조차 없었다는 것을

나는 과연 어느 언어로 설명할 수 있을까요

우리가 영원히 답을 들을 수 없는 까닭이겠죠

오늘, 일 년에 한 번만…… 당신은

당신을 위하여 장미 한 송이를 꽂아주세요

꽃을 받은 나는 기쁨으로 하루만 행복하게 깨어날 거예요

당신을 대신하여 내가 당신으로 하루를 살게 되겠죠

당신이 당신 같지 않는 하루에 너무 놀라지 않기를 원해요

그런 날이 있다면, 단지 당신 속에 또 다른 영혼이 있는 거라고

일 년의 하루는 행복하다고

이 이야기를 전해 듣는 이들이여
일 년에 한 날에, 그대의 어느 한 날에
우리가 우리를 위해 제 몸에 장미를 바치며
우리에게 있는 또 다른 우리에게 새로운 언어를 허락해 볼까요

신데렐라

그대에게도 왕자가 있다네, 이것은 아주 꿈같은 이야기
그대가 즐겁게 노닐다 꿈처럼 남겨두고 온
꿈같은 이야기를 품고 그대를 찾아 나섰다는
어쩌면 평생을 기다려도 오지 못할 왕자가
그대에게도 있다네
조심하게나
그대의 구두는 아무 모양도 없다는 것을
너무나도 투명하여 우리 눈에는 결코 보일 수 없는

아니네, 아니네 그대의 왕자가 아니라네
비슷할 뿐이지 단지 그대는 기다림에 지쳐
기다림은 슬퍼
다른 이의 구두를 신어 버리네
어쩌나, 어쩌나 어느 날
그대의 왕자가 아니던 왕자가 알아버린 날
다시 그대 발에 신긴 구두를 빼어들고 떠날 터이니
어쩌면 그대의 왕자는 오지 않을지도 모르지
어쩌면 이미 그대를 떠났을지도
기다림은 슬프게 지치는 일이지

그냥 그렇게 구두를 신고 있게나

그래도 기다려 보게나
유리가 깨어져
그대의 발에 붉게 피가 흐르는 날엔 구두가 붉게 보여질 테니
이것은 아주 꿈같은 이야기

백설공주

작은 일곱 난쟁이, 모두 형제였다네
작은 일곱 난쟁이, 그래도 맏형은 그 중에 제일 컸다나
작은 일곱 난쟁이, 하늘만큼 젊었어
그들의 일곱 침실과 일곱 수저는 함께 작았지
그들은 아주 작았어

세상에서 제일 이쁜 그녀는 꿈쟁이였네
세상에서 제일 이쁜 그녀 앞에선 모두가 시들어 버렸어
세상에서 제일 이쁜 그녀, 가슴마저 이뻤어
그녀가 입은 옷과 그 속의 얇은 옷마저도 함께 이뻐 보였지
그녀는 아주 이뻤어

눈 위에 잠든 그녀를 첫째는 지나쳐 갔지
눈처럼 하얀 그녀를 찾기엔 키가 너무 컸다나
눈 위에 잠든 그녀를 둘째도 스쳐 지났어
그의 눈은 항상 커다란 맏형만을 쫓고 있었으니
눈 위에 잠든 그녀를 셋째도 몰랐어
나무 사이를 휘젓고 다니는 새들처럼 날고 싶어 하늘만 보았으니

눈 위에 잠든 그녀를 넷째는 보았네
그러나 그냥 지나쳐 갔어, 눈과 그녀가 어울린다 생각했으니
눈 위에 잠든 그녀를 다섯째도 보았네
인사를 나누려 했지, 그러나 대답 없는 그녀가 야속해 모른 척 했다네
눈 위에 잠든 그녀에게 여섯째가 다가가 흔들어 보았지
잠든 그녀는 꿈적 안했고, 하얀 눈으로 그녀를 덮어주었네
눈 속에 묻힌 그녀를 일곱째가 밟았어
붉은 피가 눈 위로 솟아오르고
세상에서 제일 이쁜 그녀는 그렇게 처녀성을 잃었네

작은 일곱 난쟁이, 세상에서 제일 이쁜 그녀는
함께 살았네
운명은 참
모진 것이야
작은 일곱 난쟁이, 그들의 성기도 무척 작았으니까
그녀의 얇은 새끼손가락보다도 더 많이 작았으니까
그래도 함께 살았네

어짜피 운명은 모진 것이니
그러나 점점 더 모질어지지
그녀는 스스로 사과를 물었네
막내만 조금 울었다던데, 그녀의 처녀성을 빼앗은 의무였다나봐

왕자는 오지 않아
운명이란 모진 것이니
그러나 기다려 봐야지
우린, 결말을 알고 있잖아

새로운 동화

어느 날 아무 날이어도 좋을 비밀의 그 어느 날
사랑하였네
그녀는 나를 왕자라 불렀네
꼭꼭 숨겨야지 이름마저 숨겨 놓고
그녀가 기다리는 왕자가 되었네
그녀가 기다리고 있는 왕자처럼 움직였지
사랑을 하였네
그녀가 나의 왕국으로 가자하네
아무리 멀고 험한 길이어도 좋으니
함께 떠나자 하고 있네, 그녀와 함께 길을 나섰지

어느 날 아무 날이어도 좋을 잊을 수 없는 그 어느 날
고백을 들었네
당신의 왕국은 너무나 멀어
이젠 더 이상 움직일 수 없다며 그녀는 울었지
그녀는 이제 내미는 나의 손을 잡지 않아
고백을 하였지
세상에 태어나 단 한 번도 나의 왕국을
가졌던 적이 없다는 나의 소개로 그녀를 달래려 하였지

(아주 긴 이야기가 이곳에 숨어 있다네)
결말은 정말 여러 가지겠지만
대부분
함께 그곳에 남게 되거나
함께 서로를 미워하게 될

왕자도 공주도 없는 새로운 동화가 되겠지

달팽이의 꿈

이 영(필명 : 이금)

• 자유문학 시 추천완료
• 인천문학연구회 회원
• 한국문학작가연합 회원
• 인천광역시 무형문화재 제 10-가호
• 범패와 작법무 전수생

파스토랄*

하얀 도자기 컵에
바람이 잠들고
식어버린 마음만
찰랑찰랑 흔들린다
작은 콩알은 연두 빛 산실에서
긴 산고의 진통을 치르고
좁디좁은 자궁 속을 빠져나온
커피 향이 훨훨 문밖으로 나가
잃어버린 사람의 향기를 찾아온다
거리를 배회하던 아카시아 향기는 실눈을 뜨며
투명한 창가에 매달린다
빈 찻잔에
그의 맑은 미소와 눈빛으로
따스한 향기로 채워놓았다

비 내리는 날

파스토랄은
낮은 소리로 겸손하게 미소 짓는
향기로운
숲길

* 경기도 고양시 행주산성에 있는 까페

달팽이의 꿈

낯선 거리에서
빨간 신호등 불빛에 잘려버린
한 뼘 거리에
하얀 시간이 멈추었다

허기진 젊음
퇴색한 욕망은
허리를 감싸 안은 가난한
추억

빠른 걸음 뒤에 회색빛 계단이 뒤따라온다
피곤이 휘몰아치는 오후는 혼미한 기억 속
슬픈 그림자

손끝으로 빠져나간
상처는 속앓이를 하고
따스한 웃음 속에 깊게 패인 주름살이 둥지를 틀었다
쪽빛 하늘 설레이는 기다림으로
흔적 없는 시간을 넘나드는 날개 달린 땀방울은
작은 달팽이의 꿈

먼 훗날
푸른빛 전설이되었다

가난한 기억

별이 아빠는
그리움이 밀물처럼 쏟아져 오면
붉은 노을 속 탄도항을 찾아가
조각 조각난 아픔을 꺼낸다
오래전에 잃어버린
별이
추억만 다가와 손등을 만져주고 살금살금 뒷걸음질 한다
한낮 태양이 달궈 놓은 검은 뻘 속을 헤매는
식어버린 마음
별이 아빠의 짓무른 눈가엔
어제도 오늘도……
작은 이슬이 매달려 흔들린다
나뭇가지 끝에 앉은 바람이 다가와
눈물 한 점 떼어간다

언제나 만취된 발걸음은
새벽안개 속을 헤매고
늑골이 부서져라 비명을 지른다

영원히 지울 수 없는 아픔
영원히 감출 수 없는 상처
그러나 발끝에 선 시간은
언제나 사랑이었다

이른 아침 풍경

주방 창문을 두드리는 소리에
젖은 머리카락이 앞선다
이름을 알 수 없는
새 한 마리
작은 부리가 부서져라
창문을 쪼아댄다

그의 언어
그의 비명
그 아픔이 내 안으로 스며들고
펑펑 울어버릴 것 같은 텅 빈 아파트는 넋을 놓았다
눈이 시린 햇볕이
속 떨리는 서러운 슬픔을 말려준다
그의 작은 머리에서 선홍색 피가 흘러나왔다
파닥거리는 처연한 몸짓은
세상과 이별을 하고
나는 그의 죽음을 조용히 지켜보았다

먼 훗날

사랑은 닮아 가는 것
흔들리는 보름달 아래서
마음을 담고 싶은 숱한 언어는
은빛 별이 되어 푸른 어둠을 총총하게 수놓았다
입가에 향기가 피어오르면 배시시 웃어버린
커피 한잔

불면으로 포장한 손가락이 수다를 떨고
지난 바람이 휑한 가슴에 하얗게 부서지는
끔찍한 상처
손끝에 매달린 시간은 종종걸음치고
그리움 뒤에 남은
집시의 그림자

자물쇠를 채워놓은 자유는
작은 운명을 끌어안고 거리에서 춤을 춘다
땅 밑으로 고개 숙이는
원인도 알 수 없는 지병
가슴에서 일렁이는 투명한 사랑의 흔적이
나침반 하나 안겨준다

머리를 매만지며

이향숙(필명 : 유채)

- 한맥문학 시 부문 등단(2002)
- 국어 국문학 전공
- 포항아동문학 '파랑새' 회원
- 포스코 신문 칼럼리스트
- 논술 지도교사
- 한국문학작가연합 회원

빈 집

껍데기뿐인 줄 알았는데
꽉 찬 잡초만큼이나
무수한 이야기가 도란도란.

허공인 줄 알았는데
빛나는 별들만큼이나
알알이 박힌 추억들.

숭숭 뚫어진 색 바랜 벽에는
덕지덕지 이야기가 꽂혀 있고

허한 지붕에
메마른 허공에
둘려진 담벼락에
화사한 봄이 똑똑똑!

머리를 매만지며

거울 속의 모습이 낯설다.

잊혀져가는 기억
푸석거리는 현실

보이지 않는 미래가
낯설게 만든다.

비켜선 햇살이 볼을 스치니
잃어버렸던 꿈이 투영되고

뒤춤에 감추었던 손등을
살며시 거울에 비춰본다.

여행

내 손길이 닿지 않는 곳이 서쪽이더냐
내 발길이 닿지 않는 곳이 동쪽이더냐

편백나무 숲길에
날 놔두고 가면 더욱 고맙지

푸른 하늘과
맑은 공기와

평생 동안 읽어도
다 못 읽을 정도로
두꺼운 책 한 권이면 족하리.

인연

끈이 없어도
당겨지고
끌린다

바람으로 전해지고
별빛으로 전해진다

잘라내도
끌리고
당겨진다

사무치는 그리움이 아니어도
가슴이 에이도록 보고픔이 아니어도
자꾸 당겨지고 끌린다

자동차 키를 찾는다

자동차 키를 찾는다

무게가 느껴지지 않게
얇은 가디건을 걸치고
청바지를 입고
크로스백을 두른다

세상을 마음껏
보기 위해
선글라스는 접어둔다

void

여우비가 내리고
날개가 젖어드니
뚝! 뚝! 떨어지는 깃털

아직도 자동차 키를 찾지 못했다

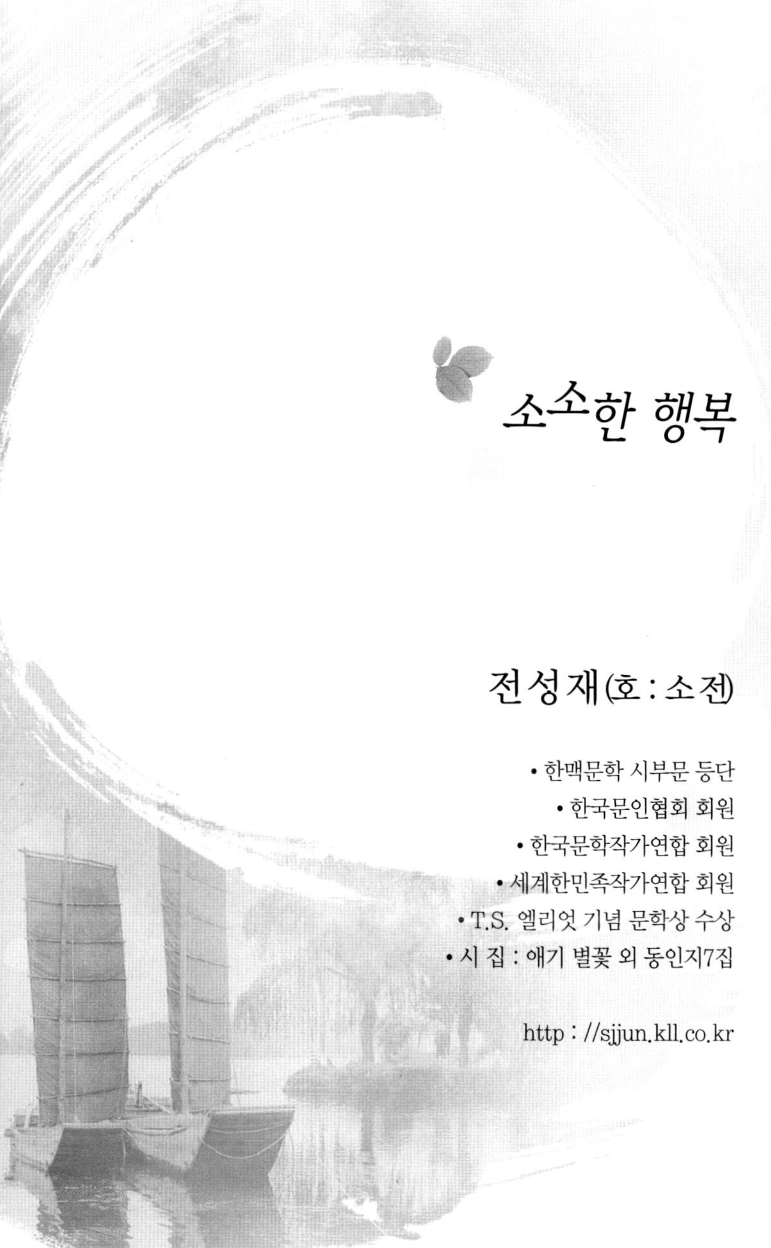

소소한 행복

전성재(호 : 소전)

• 한맥문학 시부문 등단
• 한국문인협회 회원
• 한국문학작가연합 회원
• 세계한민족작가연합 회원
• T.S. 엘리엇 기념 문학상 수상
• 시 집 : 애기 별꽃 외 동인지7집

http : //sjjun.kll.co.kr

한 번쯤

누구나 살면서 한번쯤 한 사람을 만나 보았겠지
누구나 살면서 한번쯤 바람 맞아 보았겠지
누구나 살면서 한번쯤 가슴 뛰어 보았겠지

그게 혼자만의 속앓이일지라도
그게 내 방식일지라도

누구나 살면서 한번쯤 한 사람을 가슴에 두어 보았겠지
누구나 살면서 한번쯤 한 사람에게 말 걸어 보았겠지
누구나 살면서 한번쯤 한 사람을 따라가 보았겠지

그게 혼자만의 사랑일지라도
그게 내 방식일지라도

그런 사랑 한번쯤 해 보았겠지
사랑은 어느 날 두근두근 오는 거니까

나도 그런 사랑 있었으니까
나도 그런 사람이니까

사랑은 참으로 묘한 거니까!

이 길

나 가는 길 제 길일까 두렵고
너 가는 길 제 길인지 모르지만
어느 길 제 길인지 누군들 알겠는가

여보게,
오늘 저 구름도 무심히 흘러 흘러
제 길이라 가고
바람마저 소소히 제 길이라 가는데
누군들 제 길인지 알기나 하겠는가

친구야,
언제쯤 이 길 제 길인지
누구나 이 길 들고 나게
알 수 없겠는가

이 길 그 길인지-
그 길 이 길인지-

이제는

기어이 돌아서는 너의 모습
변심이라 하기엔 아픔이
철없다 하기엔 서글픔이
잊는다 하기엔
원망으로 쌓여만 간다

돌아오지 못할 강 건넌 듯
옷매무새 팽개치고
흔적마저 남김없이 털어낼 땐
언젠간 한 시절 독백하듯
고백할 날 계절처럼
밀려올 텐데

그땐 그 아픔을
어찌 그리려 할할는지

이젠 돌이킬 수 없으며
한 시절 전설로 남아
감춰진 사연들
하나 둘
마음의 이력으로 새겨지리라

먼 훗날
아픈 만큼 성숙한
아름다움으로 살아나
그 시절 돌아보며
후회 없는 세월로
살아갔으면 —

소소한 행복

책을 뒤적이다 좋아하는
홍삼캔디 한 알 입에 문다
달콤 쌉싸름한 게 목젖을 타고 넘는다

출근 후 책상머리 앉아
구수한 커피 마시며 하루일과 점검한다

점심시간 직원들 삼삼오오 둘러앉아
수다 떨며 오찬을 즐긴다

퇴근 무렵 아들에게서 날라 온 메시지 한 통
"친구들 만나 늦게 갑니다,
경비실에 맡겨진 택배 찾아주세요"

퇴근길 운전대 앞에서
"지금 출발 함" 문자 메시지 날리니
"된장찌개 끓여 놓고 운동갑니다,
맛나게 드세요" 답신 온다

응접실 어항 속 열대어 먹이 주며
한참 동안 이야기 나눈다

따끈하게 끓인 매실차 마시며
티브이 속 "미수다"* 시청하며 하루를 웃는다

자정을 훨씬 넘긴 시간 책장을 덮고
아들 방 잠자리 인사 나누며
따뜻한 침대에 누워 편안하게 잠든다

일상 속 널려 있는 소담스런 사건들
소소한 행복 큰 기쁨이다.

*미수다 : TV 프로그램 명, "미녀들의 수다"를 줄여서 부르는 말.

어머니

엄마는 그랬었다 예전엔 몰랐었다
깍두기 하나라도 자식 목 넘겨주고
당신은 잔 밥 기다려 맹물 말아 드셨네

이렇게 천치 같은 불효자 또 있을까
한번쯤 모자지간 뒤바꿔 해봤으면
어머니 생각만하면 속가슴이 웁니다.

갠지스강 일출
– 수필

류준열

• 수필가
• 산청문인협회, 한국문학작가연합 회원
• 남가람문학회 지도강사
• 합천중학교 교감
• 작품집 : 무명그림자(2003, 2007.)

해우소(解憂所) 1

화장실을 어린 시절 '통시'라고 불렀다. 대변을 보면 '통'하고 소리가 나고 소변을 보면 '시' 소리가 나서 '통시'라는 우스갯소리를 하기도 했다. 요사이는 통시란 말을 사용하지 않는다. 화장실은 지역이나 시대에 따라 다양한 이름을 갖고 있다. 정랑, 서각, 정방, 청측, 청방, 변방(便房), 청혼, 측간, 측실, 측청, 혼측, 회치실, 해우소 등 매우 다양하다.

공중화장실을 나타내는 W.C 표기를 일상생활에서 익숙하게 받아들이며 살아왔다. 외국에 갔을 때 이 약자가 사용되고 있는지 유심히 살펴보기도 하였는데 이와 같은 표기는 나라에 따라 사용하는 나라도 있고 잘 사용하지 않는 나라도 있었다. 토일렛(toilet)이란 말이 눈에 더 잘 띄었다.

W.C는 수세식 변소로, 토일렛(Toilet)은 보통 변소로, 레스트룸(Restroom)은 휴게실이 딸린 화장실을 뜻한다고 한다.

하나의 사물을 두고 여러 가지 이름으로 불리어지는 동의어(同義語)가 많다는 것은 화장실이란 특수한 공간을 두고 사람들의 사고나 의식의 반영으로 보인다.

여러 날 먹지 않아도 생명을 유지할 수 있지만, 배설은 며칠만 강제로 금지시킨다면 목숨까지 잃을 수 있다. 화장실은 일상생활에서 없어서는 안 되는 중요한 장소이면서도 다소 회피하려 하고 입에 잘 올리려 하지 않는다. 혐오스러워 회피하고 싶은 심정 때문이다. 그런 화장실을 색다르고 좋은 뜻으로 표현하고 싶은 노력의 결과에 의해 다양한 이름이 생겼으리라 본다.

언젠가 텔레비전 광고에 동자승(瞳子僧)과 해우소(解憂所) 장면을 보고, 그 장면을 볼 때마다 광고 발상이 기발하다고 고개를 끄덕거렸다. 절에서 화장실을 해우소라고 한 연유는 형이상학적(形而上學的)적인 뜻을 담으려고 이름 붙인 말 같다.

'근심을 해결하는 장소' 혹은 '근심을 푸는 장소'라는 정도로 해석할 수 있다. 선뜻 수긍이 되지 않았다. 화장실이 근심을 해결하는 것과 무슨 연관이 있어서 그런 이름이 붙여졌을까. 몸에서 나오는 배설물과 근심을 왜 같게 보았을까. 스님이 무슨 근심이 있기에 화장실에서 근심을 해소하려고 하였을까. 여러 의문이 일어나지만 정확하게 알 수 없다.

건강 비결에 대해 어떤 사람은 '잘 먹고 잘 싸는 것' 이라고 말하는데 틀린 말이 아니다. 잘 먹는 것도 중요하지만 배설을 잘 하는 것도 중요하다. 배설물(排泄物)은 어차피 몸 밖으로 나와야 된다. 배에 차 있으면 기분도 좋지 않을 뿐만 아니라 건강에도 좋을 리 만무하다. 배설물 자체가 몸 상태나 조건에 따라 근심거리가 될 수 있다. 직설적으로 해석하더라도 해우소란 말은 엉뚱하게 들리지 않고 틀린 말 같지도 않다. 실제 해우소에 자주 가는 사람이거나 변비로 해우소 가기가 겁나는 사람들에게는 배설물 자체가 큰 근심거리가 된다.

나는 직장(直腸)을 수술하고 6개월가량은 하루에 헤아릴 수 없이 해우소에 가야만 했다. 하도 해우소 출입이 잦다보니 배설물 자체가 더럽다는 의식도 사라져 버렸고, 해우소를 편안한 장소로 인식하게 되었다.

대체로 배설물을 그저 역겹고 지저분하게 여기어 외면하려고 한다. 그런 생각을 하는 순간에도 자신의 뱃속에는 반드시 나와야만 하는 실체가 엄연히 들어있다. 고개를 흔들며 아무리 부인을 해도 부정할 수 없는 실체다. 칠십 평생을 산다고 보았을 때, 1-2년에 해당하는 시간만큼 해우소에 반드시 머물러야 한다. 몸속에서 빠져 나와 바깥세상으로 낙하(落下)하는 실체를 평생 보고 살아야 한다.

해우소에 남보다 조금 자주 간다고 하여 불평하거나 짜증을 낼 필요가 없다. 먹었으니까 나온다고 편하게 여기면 된다. 내 몸에서 나오는 실체니만큼 혐오스럽게 여길 하등의 이유도 없다. 해우소에 앉아 있는 것 자체가 실존(實存)을 인식할 수 있는 시간이기도 하다.

(2008. 11. 15.)

관(觀) 96-갠지스강 일출

긴 여정(旅情)의 영혼 씻으며 물속 깊숙하게 몸 담그고 있다가 드디어 붉은 몸 드러내고 있다. 우중충하게 흐르는 갠지스 강 가운데 아득한 고요와 신비에 쌓인 채.

지난 밤 요란하게 울린 낯선 힌두 의식 펼쳐진 가트의 수많은 인파(人波), 가뭇없이 잠재운 어둠 뚫으며 둥그렇게 돌아 오르고 있다.

수천 년 내려오는 크고 작은 힌두 사원 세월의 지붕 위에도

이른 새벽 영혼 씻으러 들어간 강물 속 남녀노소 머리 위에도

저물어 가는 현생(現生) 끝자락에서 내생(來生) 기다리는 사람들 기도 위에도

사람들로 둘러싸인 가트의 주검 훨훨 타는 불꽃 위에도

무상(無常) 한 자락 밝히는 조그만 꽃잎 등(燈) 강물에 띄우는 내 투박한 손길 위에도

너울 너울거리며 억겁 돌고 돈 붉은 나신(裸身) 드러내며 돌아 오르고 있다. 가고 오고, 오고 가는 무상

의 현장(現場) 위로.

*네팔인도(네팔-인도)기행(2007. 12. 29.-2008. 01. 09.)

(2008. 03. 05.)

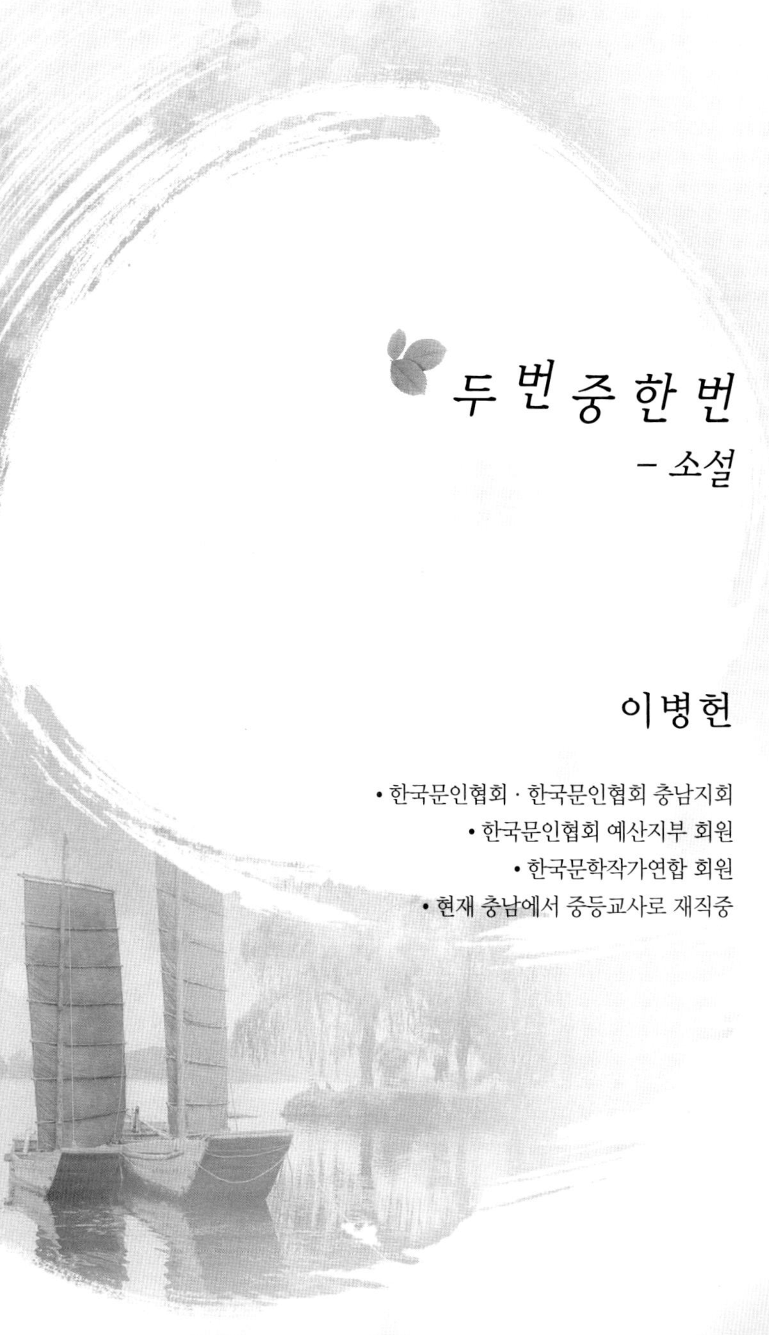

두 번 중 한 번

– 소설

이병헌

• 한국문인협회 · 한국문인협회 충남지회
• 한국문인협회 예산지부 회원
• 한국문학작가연합 회원
• 현재 충남에서 중등교사로 재직중

두 번 중 한 번

그가 그의 휴대전화가 몸을 떠는소리 때문에 잠에서 깨어났을 때 폐차장에서 자동차를 압축시켜 작은 덩어리로 만들듯 회색빛에 엉겨 있는 어둠이 강한 바람에 밀려 나가고 다시 불투명한 색깔이 찾아와 그의 공간을 점유하고 있었다. 그는 예민하게 다가오는 그 소리를 없애기 위해서 아예 휴대전화에서 배터리를 분리시켜버렸다. 다시 침대 위에 누워 잠을 청했는데 그의 몸으로 다가오는 회색빛 세상은 그를 잠에서 멀어지게 하였다. 무의식적으로 손을 뻗었을 때 손에 잡히는 것이 아무 것도 없었다. 침대에서 일어나 습관적으로 냉장고로 다가가 냉장고 문을 열어 물병을 꺼내 뚜껑을 벗기고 차가운 물을 꿀꺽꿀꺽 삼켰다. 잠시 동안 습관적의 행동이었지만 그의 몸을 근질이던 어둠이 사라졌다. 그는 원룸 바닥에 앉아 기지개를 펴고 있는데 이번에는 거실에 있는 전화기에서 음악소리가 났다. 그가 휴대전화 전원을 차단 시켜놓았더니 집 전화로 연결을 시도하고 있었다. 이런 이른 아침에 전화가 올 일이 없다고 생각하다가 '혹시' 라는 단어에 붙잡혀 수화기를 들었다.

전화기에서는 기계적으로 그의 신경을 건드리는 목

소리가 흘러나왔다. 탁한 여자의 목소리였고 그는 최대한 자제심을 발휘해서 전화를 받고 있었다. 형식적으로 이야기를 하였고 여자는 몇 번 전화를 했는데 받지 않았느냐고 추궁을 했다. 순간적으로 축구공으로 머리를 맞은 것처럼 공황이 찾아오는 것을 느꼈으나 그녀와 같은 톤으로 말하지 않고 최대한의 자제심을 발휘해서 그녀의 이야기를 들었다. 그녀는 그가 전화를 두 번 받지 않은 것에 대해서 서운하다는 말을 했고 그에게서 사과의 말을 받아내려고 했다. 어이가 없었지만 이른 아침에 누군가와 언쟁을 할 필요가 없다고 생각하고 형식적인 말로 미안하다는 말을 했다. 그 말이 끝나자 그녀는 왜 전화번호를 바뀌었는지에 대해서 물어보았다. 그는 전화를 건 이유가 전화번호를 바뀐 것을 확인하기 위해서인지에 대해서 물어보았지만 그녀는 그것은 아니라고 대답을 하였다. 그는 그것이 문제가 되지 않으면 새벽부터 전화를 건 사람이 누구냐고 물어보았다. 그제야 그녀는 억지웃음을 지으면서 그에게 전화를 건 이유에 대해서 말했다.

"지난번 우리 문예지에 작품을 내 주신 것 정말 감사드려요. 시를 읽으면서 편집장인 제가 보아도 고 시인님께서 시를 정말 사랑하고 또 잘 쓴다는 것을 느꼈어요. 그리고 독자들이 많이 전화를 해서 고 시인님의 연락처를 부탁했는데 제가 아끼는 마음으로 알려주지 않았네요. 잘못하면 고 시인님 귀찮은 일 많이 생길 수 있으니요. 고 시인님 시를 읽은 오재봉 시인도 시인님의 시에 많은 관심을 가지고 있었어요. 지방 문단에서만 활동하는 것이 아깝다고 말씀하셨지요. 다른 문인들의 추천도 있고 저도 고 시인님의 시가 좋아서 소중한 자리에 시인님을 모시려합니다. 그래서 말씀드리는 것인데 이번에 우리 문예지에서 「올해의 멋진 시 선집」을 발행하려고 해요. 물론 다른 출판사에서도 비슷한 종류의 시 선집이 나오지만 우리 문예지하고는 차원이 틀려요. 이번 시 선집에는 우리 문학계의 대 선배님인 한금창 시인부터 올해 신춘문예로 시인의 문을 열고 들어온 윤도영 시인까지 우리나라를 대표하는 시인들의 작품이 몸을 풀 거에요. 다른 문예지에서 발행하는 시 선집에는 기성 시인들을 중심으로 엮어 가는데 그것이 불합리하다는 생각이 들어 새로운 시도를 해 오고 있고 2년 동안 많은 호응을 받았어요. 그래서 우리 출판사에서는 이미 등단을 했으면서 발표기회가 많지 않아 중앙지에 널리 알려지지 않은 지방의 보배로운 작가나 시인을 발굴해서 알리려는 프로젝트를 가지고 있고 삼 년째 실시하고 있어요. 이번에 지난번 우리 잡지에 실린 고 시인님의 작품을 보면서 우리 모두 이 선집에 고 시인님의 작품이 반드시 그 중심에 서야 한다고 생각을 했어요. 죽어 있는 시가 아닌 살아 있는 시만 작품집에 싣기로 하는 것이 우리의 입장이에요. 그러니 시선집에 고 시인님의 작품이 포함되는 것에 대해서 생각해 보셔요."

그는 전화기를 통해서 들려오는 소리에서 원고를 따발총처럼 읽어가는 아나운서의 말투를 발견하고 아무 말하지 않고 듣기만 했다. 그녀는 가끔 숨을 몰아쉬면서 그가 그녀의 목소리를 듣고 있는지에 대해서 확인했고 그는 그때마다 짧게 '예'라는 대답을 한 것이 전부였다. 그녀는 그녀가 할 말을 다한 후에 잠시 머뭇거리고 있었고 그는 무슨 말인가를 해야만 했다.

그는 잠시 퍼즐을 맞춰가면서 머릿속에 정리를 시키고 무거운 입을 열었다.

"무슨 말씀인지 알겠는데요. 선생님께서 저에 대해서 얼마나 알고 계신지요? 그리고 제 작품이 올해의 멋진 시의 목록 속에 포함될 수 있다고 생각하시는지요? 저는 이른 아침에 전화를 하셔서 말씀하시는 것을 들으면서 무슨 소리인지 모르겠습니다."

그의 대답을 들으면서 잠시 동안 호흡을 가다듬는 듯했고 그녀는 어떤 틈을 주지 않으려 했다. 이어지는 그녀의 말은 전화를 통해서 상품을 선전하는 영업사원 같다는 생각이 들었다.

"호호. 아마 갑작스런 제안에 놀랐으리라 생각이 들어요. 제가 고 시인님에 대해서 왜 모르겠어요. 한국문인협회 회원이고 인터넷에서 많은 작품 활동을 해서 널리 알려져 있잖아요. 뿐만 아니라 여러 곳에서 동인 활동을 하고 있어 고 시인님 추천해주신 강지부장님께서 칭찬을 얼마나 많이 해 주셨는데요. 강

지부장님께서는 고 시인님이야말로 올해를 빛낸 시를 쓴 시인이라고 극찬을 해 주셨지요. 그리고 중앙 문단의 시인들도 지난번 작품을 읽으면서 고 시인님 자격은 충분하다고 입을 모았지요. 저는 고 시인님이 오히려 넘친다고 생각하니 걱정할 것 없어요. 이미 심사위원회의 심의가 끝난 상태이니 작품 두 편을 내 주시면 되지요."

그는 잠시 생각할 시간을 달라는 말을 한 후에 전화기 폴더를 닫았다. 그녀는 분명 자신에게 은전을 베푸는 듯한 목소리로 그를 설득하고 있었고 그는 어안이 벙벙했지만, 그녀의 말을 완전히 털어낼 정도는 못 되었다. 그는 침대에 누워 이런저런 생각을 했다. 사실 그의 작품이 문예지 몇 곳에 실렸고 동인지나 지방 신문의 '아침을 여는 시'에 소개된 적은 있어도 그것이 훌륭한 작품이어서가 아니라 '어쩌다가' 그렇게 된 것이라고 생각을 했다. 그의 생각은 그녀와 처음 전화를 했던 몇 달 전에 나눈 대화에 머물렀다. 그녀는 자신이 운영하는 격월간 문예지가 우리나라에서 다섯 손가락에 들어가고 그것을 뒷받침해 주는 이유로 우리나라에서 내놓아라 말할 수 있는 시인들이 고문과 편집자에 포진되었다는 말을 했었다. 뿐만 아니라 자신의 잡지에 시를 올리면 많은 혜택이 주어질 것이라는 말을 잊지 않았다. 그리고 마지막으로 그가 속해 있는 문학 모임의 지부장과의 인연에 대해서 말하였고 그것은 침이 되어 그의 컴퓨터에 잠자고 있는 시 세편을 메일로 보내고 말았다. 그 뒤에 지부장이 건네주는 잡지에서 자신의 시를 읽고 서재에 던져 놓았던 기억이 났다. 그리하여 격월간 문예지에 작품을 내었던 것이었는데 그것이 씨가 되어서 이렇게 그에게 다른 모습이 되어 다가왔던 것으로 생각했다.

그의 머릿속으로 다가오는 혼란스러움을 털어내기 위해서 그는 샤워를 했다. 차가운 물이 그의 몸을 타고 내렸고 그는 아무 생각도 없이 물줄기에 몸을 맡겼다. 온몸에 비누거품이 그의 몸에서 물러나 갈 때 그는 거울 속의 자신의 모습을 보았다. 초췌해진 모습을 한 중년이 그를 바라보고 있었고 그는 빙그레 웃으면서 물기를 닦아내었다.

새벽에 나눴던 시간이 그에게 하루의 무늬가 되어서 몸을 감고 있었다. 그는 더 이상 잠을 잘 수 없을 것이라고 생각하고 소파에 앉았을 때 문득 그의 자동차 트렁크 안에 머무는 낚시 가방이 생각났다. 토요일이니 물가에 가기에 참 좋은 날이라고 생각이 되었다. 그는 작은 냉동실 안에 머물고 있는 얼린 물병과 냉장실에 있는 과일과 맥주 한 병을 챙겼다. 긴 모자와 카메라까지 챙기고 집을 나서 자동차의 시동을 걸었다. 연료 게이지에 붉은색을 담고 있지 않으니 낚시를 하러 가는 동안은 휘발유를 넣지 않아도 될 것이라는 생각을 하면서 그의 집에서 십 분쯤 달리면 닿을 수 있는 무한천으로 향했다. 그에게는 늘 피난처가 되고 눈을 감아도 선하게 다가오는 곳이었다. 자동차 도로를 벗어나 제방 위로 난 길을 따라서 달리면서 창문을 열어놓았다. 어둠이 녹아드는 냄새가 났고 물비린내도 다가왔지만 그에게는 그것조차도 향기롭게 다가왔다.

강가에는 드물게 낚시를 하는 사람들이 진지를 구축하고 머물고 있었다. 그는 가끔 머무는 곳을 가 보았는데 누군가 그 자리를 차지하고 있었다. 텐트까지 있는 것으로 보아 밤낚시를 하고 있음에 틀림이 없다는 생각이 들었는데 낚시를 하는 사람의 모습은 보이지 않았고 텐트 안에서 여자의 웃음소리와 숨을 몰아쉬는 소리가 간간히 들려왔다. 그는 그러한 소리와 모습이 귀찮아 조금 떨어진 곳으로 가 보았더니 낚시를 한 흔적이 남아 있었지만, 주변은 깨끗하게 정리가 되어서 그의 마음은 상쾌했다. 근데 자리를 잡고 앉으려 할 때 지렁이 미끼 통이 발견되었는데 엉겁결에 열어보니 지렁이가 꽤 남아 있었다. 꿈틀거리는 모습이 어둠을 박차고 나갈 것 같은 느낌이 들었다. 횡재였다. 그 자리에서 낚시를 한 사람이 남기고 간 흔적이었지만, 그는 그것으로 기분이 좋아졌다. 파라솔을 펼칠 것인지에 대해서 생각히다가 그대로 미뤄기로 했다. 아직 어둠이 남아 있으니 낮에 햇빛이 강하면 펼쳐놓아도 늦지 않으리라 생각했기 때문이었다.

낚시 가방의 지퍼를 내렸다. 두 칸 반짜리와 세 칸짜리 낚싯대를 꺼내서 펼쳐놓았다. 미끼로 떡밥을 사용하려다가 지렁이가 생각나 떡밥은 그대로 놔두고 접이식 의자를 펼치고 그 위에 앉았다. 이제 준비는 다 되어 있었고 물고기가 그가 설치해놓은 지렁이 덫에 넘어가 물어주기만 하면 되는 것이었다. 물고기는 그것을 물으면 자신의 삶이 끝날지도 모른다는 것을 알지 못한다. 미끼 안에 숨겨진 낚시바늘의 의미를 알면 절대로 물지 않을 것이다. 그래도 물고기는 의심을 한다. 처음에는 미끼를 돌아보다가 입질을 하다가 '이것이다' 라고 생각되면 사정없이 물고 자신이 달아나는데 그때는 이미 자신의 몸속에 함정이 담고 있다.

잔잔한 바람이 불었다. 어둠이 가득하던 수로에 잠시 안개가 머물더니 바람이 안개를 거둬가고 다시 침묵의 강과 마주하였다. 바람이 지나가면서 그의 몸을 훑어갔고 시원하다는 느낌보다는 차갑다는 느낌이 더 강하게 다가왔다. 그는 그 느낌이 참 좋았다. 시원하다는 것보다는 약간 차갑다는 느낌이 그에게 더 싱싱하게 다가왔고 그는 그 느낌을 즐기고 있었다. 십 미터쯤 떨어진 곳에 서 있는 텐트 안에서 여자의 웃음소리가 간간이 들렸고 그 옆의 물가에서 출렁이는 소리가 들렸다. 건너편에서 낚시를 하던 사람이 '월척이다' 라고 말하는 소리와 함께 아침을 건져내는 소리가 들렸다.

그는 주변을 두리번거렸다. 그의 앞에는 낚싯대 두 개가 강물을 향해서 고정되어 있었고 지렁이를 담은 찐빵만 한 플라스틱 미끼 통이 반쯤 열린 채로 누워 있었다. 야광 찌는 아직 색깔을 가지고 있었지만 햇빛이 강하면 그 빛을 잃을 것은 틀림이 없다고 생각했다. 갑자기 물 위에 떠 있는 찌의 움직임이 감지되었다. 잔챙이 일 것이라 생각하고 바라보고 있는데 잠시 끄덕이더니 물속으로 사라져 버렸다. 그는 서서히 낚싯대를 앞으로 끌어당겼다. 묵직한 느낌이 월척일 것이라 생각했으나 그의 앞에 나타난 것은 한 뼘 정도 될 만한 떡붕어였다. 그는 오랜만에 느끼는 손맛이었기에 느낌이 더 강하게 다가오는 것을 느꼈다.

참 잘 생긴 붕어였다. 녀석을 바라보니 미안하다는 생각이 든다. 누군가 그가 낚시를 즐긴다고 했더니 '나중에 그 업보를 어떻게 감당하려고 그러느냐?' 고 말한 것이 생각났다. 사실 그가 낚시를 해서 잡은 붕어만 해도 천 마리는 넘을 텐데 대부분 다시 강물 속으로 들어갔지만 그때마다 미안하다는 생각이 들었다. 그는 붕어 입가에 살짝 걸친 낚시 바늘을 붕어 입에서 제거해주고 다시 물속으로 돌려보내 주었다. 물

속으로 들어간 붕어는 고맙다는 말 한마디 없이 유유히 사라져갔다.

붕어 한 마리를 잡아서 돌려보내 준 후에 갑자기 다가오는 시장기를 느꼈다. 그는 냉장고에서 챙겨온 토마토를 꺼내 베어 먹었다. 과즙이 그의 입안에 머물면서 특유의 맛으로 다가왔고 그는 그것으로 말미암아 행복해지는 것을 느꼈다. 단순한 곳에서 행복을 찾는 것이 그의 삶의 방식이었는데 그것은 복잡한 삶을 피하게 만들었다. 물론 자신의 삶이 자신의 생각대로 진행되는 것은 아니었지만 가능하면 기본적인 공식에 충실했다. 토마토 두 개를 먹었을 때 그의 휴대전화에서 진동이 일었다. 화면에는 '지부장' 이라는 단어가 그를 맞았고 그는 폴더를 펼쳐 이야기를 나눴다.

"지부장님 안녕하세요?"

"고 시인님, 잘 지내지요?"

"예, 근데 무슨 일이 있나요?"

"오늘 전화받았지요?"

"무슨 전화요? 아 출판사에서 온 전화요? 근데 별

생각이 없어요."

"고 시인님. 이번에 작품을 꼭 내도록 하세요"

"그럴 생각이 없는 데요"

"이번에 그곳에 글을 싣는 것은 영광이에요."

"알고 있어요. 우리나라 문단의 거목들의 시가 실리고 그 사이 제 시도 두 편 실린다는 것이요. 저에겐 영광이 되겠지만, 그것은 아니라고 생각해요."

"고집부리지 말고 생각해 본 후 연락주세요"

"예. 그렇게 하지요"

지부장은 계속해서 말을 이어나갔다. 그가 이제 지역의 문인협회를 이끌어나가야 하고 그렇게 되려면 시집도 내야 한다고 말했다. 이런 '올해의 멋진 시' 에 그의 시가 들어가 있게 되면 그의 인지도를 높이게 되고 또 그래야만 지역 문인협회를 이끌어나가는데 부족함이 없을 것이라 말했다. 그는 사실 그런 것이 싫었다. 글을 쓰는 사람들이 그저 글을 쓰면서 교류하고 어우러지면 되는 것이라고 생각할 뿐이었다. 글을 쓴다는 사람들이 정치 세력화되고 또 내 편 네 편을 가르면서 자신들의 이익을 위해서 모이고 흩어지는 모습을 보면서 신물이 났다. 사실 문단에 나간다는 것은 멋진 일이지만 가끔 일어나는 불협화음을 보면서 문학은 좋았지만 그런 색채를 띤 문학인은 그리 좋아하지 않았다. 글을 쓰는 사람들은 순수해야 된다는 것이 그의 생각이었다. 개인적인 욕심으로 사람들을 모으고 또 세력화해서 자신의 입지를 강화하려는 모습을 보면서 그들에게서는 순수성을 찾아보기 힘들다고 생각했다.

등단하는 것 자체는 큰 축복인데 요즘은 사실 그 아름다운 일들이 너무 쉽게 만들어진다는 것이 안타까웠다. 문단에 나온다는 것은 자신의 글에 책임을 질 시기가 되었다는 것을 의미다. 우리의 현실은 그렇게 진행되지는 않는다. 우리나라에서 발행되는 많은 문예지는 월간 혹은 격월간이나 계간으로 발행되면서 그때마다 수없는 신인들을 탄생시킨다. '신인상' 이라는 이름으로 문단에 얼굴을 내밀게 하고 그 신인상을 받은 사람들은 자신이 세상에 나온 문예지를 적어도 수십 권 혹은 백 권 이상을 구매해야 한다. 거기다가 상패에 들어가는 돈이나 심사비도 요구하는 경우가 많이 있다. 사실 이러한 것을 알기까지는 많은 시간이 걸렸다. 그저 작품을 내면 공정한 심사에 의해서 신인상이 결정되고 그것은 자신의 작품에 대한 자부심으로 이어지리라 생각을 했기 때문이었다. 등단하는 것을 자신의 삶의 한 부분에 다른 이름을 가지려 하는 경우도 많이 있다. 명함에 '시인' 이라는 이름을 달기를 원한다. 그래도 많은 사람들이 '시인' 이라는 이름을 가진 자신에게 주어지는 감성 점수가 높아지리라 생각했기 때문이다.

그가 시를 쓰기 시작한 것은 오직 '갈증' 때문이었다. 자신의 삶 속에서 솟아오르는 마그마와 같은 뜨거움이 바로 그 갈증이었고 갈증은 언어의 힘을 빌려 규격화되지 않은 모습으로 공간에 투영되기 시작했다. 그러다가 한 지인을 통해서 신인상이라는 이름으로 등단을 하였고 그러한 것은 습작을 통해서 자신을 표현하는 방법을 배웠다. 사실 등단이라는 것이 그에게 어떤 의미를 부여해 주지는 않았지만 '한 번 겪어야 하는 일' 이라면서 보채듯 압력을 넣는 지인의 생각을 존중해주기 위해서 혹은 그것을 통해서 자신의 은연중의 생각을 현실화시키기 위해서 작품을 보냈던 기억이 났다. 다행히 그는 삼 십여 권만 필요하다는 이유로 등단을 하는데 돈이 많이 들지 않았고 등단 후에도 그 출판에서 그 문학지 출신의 작가들의 모임에도 참석해달라고 말하지 않았다. 한 번 권고를 받았지만 사실 그것은 형식적인 것이었고 그는 그 모임에 참석하지 않았다.

갑자기 찌가 춤을 추었다. 위아래로 움직이다가 물속으로 곤두박질치더니 아예 물속으로 사라져 없어져 버렸다. 그는 갑자기 흥분이 되었고 두 손으로 낚싯대를 붙잡고 천천히 끌어당겼다. 묵직한 무게를 느껴졌고 물속에 감춰진 물고기가 가까이 다가오면서 무척 크다는 느낌이 들었다. 그가 물가로 끌어내면서 그것이 잉어라는 것을 느꼈다. 그러나 줄을 잡고 물 밖으로 끌어내려는 순간 낚싯줄이 끊어져 버렸다. 그는 순식간에 공항으로 빨려드는 것을 느꼈다. 반동을 이용해서 순간적으로 풀밭으로 끌어내야 했는데 다른 생각 없이 줄을 들고 잉어를 끌어내려 했으니 그 무게를 감당하지 못하고 툭 끊어져 버린 것이었다. 그는 피식 웃고 말았다. 처음부터 뜰채를 사용했으면 되었는데 이미 물고기는 그의 낚싯대에서 멀어져 간 상태였다. 낚싯대로 잉어를 잡을 수도 있었던 것으로 위안을 해야만 했으나 기분은 좋았다. 다시 끊어진 낚싯줄을 이은 뒤에 낚시와 찌를 달고 다시 강물로 던졌다. 다시 고요가 찾아왔다. 잔잔한 물가에 앉으면 참 기분이 좋다. 물비린내가 나는 것이 가끔 거슬리지만 그래도 아침의 풍경을 그것을 누르기에 충분하다. 한참 동안 찌가 움직이지 않았고 주위에 있는 사람들도 별 반응이 없는 낚싯대를 보면서 투덜대는 소리를 낸다. 나는 그 소리를 듣고 빙그레 웃음이 돋아나는 것을 느낀다.

시간이 흐르면서 햇빛이 내리기 시작한다. 그는 더위가 찾아올 것이라는 생각을 하면서 그의 자동차 안에 있는 텐트를 꺼냈다. 그리고 공중을 향해서 집어던지니 요술방망이로 텐트를 친 것처럼 작은 집 한 채가 그의 옆에 서 있다. 다행인 것은 낚시를 하는 강가에 제법 넓은 공간이 있어 작은 텐트를 칠 수가 있다는 것이었다. 그는 갑자기 잠이 쏟아지는 것을 느꼈다. 몇 년 전에 저수지 좌대에서 낚시를 하다가 건너 편 좌대에서 낚시를 하던 강태공이 졸다가 저수지 속으로 빠지는 것을 본 경험이 있는데 정말 재미있는 일이었다. 물론 그 사람은 저수지 물을 마셨지만 주위의 낚시꾼들에 의해서 구조가 되었는데 웃을 수만 없는 일이었다. 그는 새벽 일찍 그 여자의 전화로 말미암아 잠이 깬 것이 이유라고 생각을 하면서 잠시 잠을 자야겠다고 생각했다. 낚싯대를 거둬들일까 하다가 물고기도 쉴 것이라는 생각을 하고 텐트 안에 누웠다. 시원한 바람이 불어와 그의 잠을 부추기고 있었고 그는 스르르 잠에 빨려 들어갔다. 그의 달콤한 잠은 그의 휴대전화에서 요란한 소리가 계속될 때까지 계속되었다. 그는 잠에서 벗어나 휴대전화를 보았는데 액정에 담긴 숫자는 그의 머릿속에 존재하지 않는 모르는 전화번호였다. 그는 언제나처럼 전화를 받지 않았는데 끊어지나 했는데 다시 소리가 났다. 그는 귀찮아서 폴더를 밀어 올리고 원래의 위치에 놓으려다가 맑은 목소리를 듣고 귀에 멈췄다.

"아침에 편집장님 전화 받으셨지요?"

그는 전화기를 통해서 전해오는 예쁜 목소리에 잠

시 머뭇거렸다. 다시 그의 대답을 재촉하는 '여보세요' 소리가 들려온다. 그는 갑자기 온몸에 흘러드는 전율을 느꼈다. 이상한 것은 목소리에서 힘을 느낄 수 있다는 것이었다. 그는 작은 목소리로 '맞아요' 라고 말을 하고 그녀의 목소리에 귀를 기울였다.

"그럼 편집장님께서 말씀하신 것 생각해보셨어요?"

"무슨 말씀이신지요?"

"올해의 멋진 시에 포함될 시를 보내 주실 거지요?"

"아직 결정하지 못했는데요."

"고 시인님, 보내주셔요."

"죄송하지만 이렇게 말씀하시는 분은 누구신가요?"

"아, 제가 결례를 했네요. 저는 편집을 맡고 있는 한 지혜에요."

"지혜씨 라고요?"

"예, 다른 사람들이 그렇게 부르지요."

"그렇다면 제가 원고를 내야 하는 이유를 말씀해

주실래요?"

"아마 편집장님께서 이런 저런 얘기를 하셨지요? 하지만, 저는 그런 의미에서 말씀드리는 것은 아니에요."

"무슨 말씀인지요?"

"고 시인님의 시 '불멸의 성' 이라는 시에서 말씀하신 '온몸으로 담아내는 세상은 늘 푸른 바다를 품고 있다' 는 부분에서 감동했지요. 일상적인 표현인 것 같지만 바다와 몸이 하나가 되어 영혼을 이야기 한 것을 한참 동안 전율하면서 읽어보았지요."

"부족한 작품을 그렇게 말씀해주시니 감사합니다. 좀 더 생각해볼게요."

"피상적으로만 생각하지 마세요. 고 시인님 팬의 한 사람으로 올해의 멋진 시에 포함될 수 있기를 바랍니다."

그는 그녀의 마지막 말을 생각해보았다. 그녀의 목소리에는 덫을 달고 있었고 빨려 들어가게 하는 매력을 품고 있었다. 그러나 그의 생각은 변하지 않고 있었지만 그녀의 말에 젖어 있는 촉촉함이 그의 정신적인 무게를 덜어주고 있었다.

갑자기 소란스러웠다. 옆 텐트에서 싸우는 소리가 들렸다. 그 실체는 알 수 없었지만, 남자가 낚시에 열중하는 사이 그 남자의 전화기에 문자에 그 문자의 내용이 문제였던 것 같았다. 여자의 목소리가 높아졌다가 낮아졌다가 했지만 남자는 큰소리하나도 내지 않았다. 그는 그 여자가 한참 동안 떠들면서 소리를 지르는 것을 옆에서 보면서 미소를 지었다. 저렇게 질투를 할 수 있는 사람이 있다는 그 자체에 행복을 느낄 수 있으리라 생각했다. 그녀는 한참 동안 혼자서 떠들더니 '호호' 거리면서 웃고 있었다. 문자를 보낸 사람이 그 남자의 누나로 확인이 되었기 때문이었다. 남자는 그녀에게 무슨 말을 했고 그 여자는 그 뒤 아무런 말도 없어졌고 다시 낚시터에는 평온히 감돌았다.

햇빛이 내리는 물가에는 여름빛이 가득했다. 잔잔한 물 위로 여름이 떠내려가고 있었고 그는 물 위에 솟은 찌를 바라보았는데 찌가 많이 올라와 있었다. 그는 낚싯대를 거둬들였는데 이미 미끼는 낚시 바늘에서 벗어나 있었다. 그는 본격적으로 낚시를 하고 싶어졌다. 지렁이를 다시 바늘에 꿰고 물 위로 던져 넣었다. 순간적으로 물위에 파문이 일고 다시 원래의 상태로 돌아갔다. 그의 생각과는 관계없이 물고기의 입질이 뚝 끊겼다. 그는 갑자기 그의 가방 속에 작은 카메라가 있다는 것을 생각해내고 카메라를 찾아들었다. 사람들이 흔히 '똑딱이' 라고 부르는 작은 카메라였지만 작은 장면들을 담아내는데 부족함이 없었다. 그는 주변에서 보이는 것들을 담기 시작했다. 그의 낚싯대부터 옆에 있는 텐트 그리고 수면위의 세상까지 담아내었다. 옆 텐트를 담는데 남자가 낚시 가방을 챙겨서 떠나고 함께 있던 여자 혼자서 텐트 안에 남아 있었다.

그녀는 떠나는 남자에게 잘 다녀오라는 말을 했다. '잘 다녀오라' 는 말이 무엇을 의미할지에 대해서 생각 해보았다. 그가 다시 돌아올 것이라는 것을 말한 것이라 생각하는 것이 제일 나을 것이다. 그는 다시 낚싯대 앞으로 갔다. 찌가 하늘로 솟아 오른 것을 보면 물고기들이 지렁이를 다 뜯어 먹었을 것이라 생각했다. 이곳에 익숙한 물고기들은 자신에게 다가오는 함정을 알지만, 그것은 순간적으로 스쳐 지나가곤 한다. 분명 물으면 안 되는 것인 줄 알면서 먹이의 유혹에 넘어가는 경우가 많이 있었다. 그는 다시 지렁이를 끼우고 낚싯줄을 물 위로 던졌다. 미세한 소리가 나면서 낚시 바늘과 찌가 물속으로 들어갔고 잠시 후 찌가 수면위로 올라오면서 붉은 세상을 보여주었다. 한참 동안 수면 위의 세상을 주시하고 있는데 그의 주머니에 머물던 휴대전화기에 진동이 전해진다. 그는 순간적으로 전화기를 꺼냈다. 액정에는 '내 사랑 진희' 라는 단어가 떠 있었다. 그는 피식 웃으면서 폴더를 밀었다. 나지막한 목소리로 그의 이름을 부르다가 두 번째는 '고 선배' 라는 단어를 사용하면서 안부를 묻는다. 그는 그녀의 전화를 받으면 늘 유쾌해지기에 어떤 생각도 없이 그저 입술이 들먹이는 대로 소리를 내었다.

"내 사랑 진희야 죽지 않고 살아 있었네?"

"선배 아직도 '내 사랑 진희' 라는 말씀을 하시네요?"

"그래. 내가 휴대전화를 산 날 네가 네 전화번호를

입력하면서 이름을 그렇게 써 놓았잖아."

"호호. 그걸 아직까지 가지고 있는 거예요?"

"그래. 전화기는 바뀌었지만 새 전화기에 그대로 입력을 시킨 거야. 근데 무슨 일로 오빠한테 전화를 다 했니?"

"문제가 생겼어요?"

"왜, 내가 그리도 보고 싶다는 말이니?"

"오빠, 농담이 아니에요. 오빠가 해결해 주세요."

"무슨 문제인데?"

"어제 '하늘과 시' 출판사에서 전화가 왔어요."

"무슨 일로? 혹시 문학상이라도 준다고 했니?"

"오빠 어떻게 아셨어요?"

"너, 그곳을 통해서 등단했잖아. 등단한 지 오 년이 되었으니 그 소리 나올 만하지."

"호호. 근데 그 사람들 장난하는 것 같아요."

"그게 무슨 말인데?"

"제가 등단한지 오래되지도 않았는데 이번에 새로 생기는 문학상인 '하늘 시 문학상'에서 저에게 시 부문의 문학상을 준다고 해요."

"좋겠구나?"

"호호. 좋은 것이 아니라는 것 오빠가 더 잘 알잖아요."

"지금 내 코가 석 자라 네 얘기 들어줄 틈이 없어."

"무슨 말이에요? 혹시 오빠에게도 그런 이야기가 있어요?"

"똑같은 것은 아니지만 '올해의 멋진 시 선집'을 내는 데 내 작품을 내고 책 삼십 권을 사라고 한다."

"호호호. 저나 오빠나 마찬가지네요. 그래서 그렇게 하려고요?"

"내가 그렇게 할 것 같으니?"

"물론 아니라는 것 저도 알아요."

문학상이나 그의 시 선집에 작품을 낼 것인지에 대해서는 더 이상 말을 하지 않았다. 그녀는 내가 반대한다는 것을 잘 알고 있기 때문이었다. 그가 웃으면서 통화를 끝나고 있었을 때 옆 텐트에 있던 여자가 그의 모습을 담고 있는 것을 발견했다. 순간적으로 놀랐지만 웃으면서 그도 카메라를 꺼내서 그런 그녀를 담았다. 그녀는 자신의 텐트 안으로 들어왔고 그도 자연스럽게 그 여자의 옆에 앉았다. 그 여자는 히

죽거리면서 그의 얼굴을 살피는 모습이었다. 그 여자는 쿨러를 뒤져 맥주병을 꺼내더니 일회용 라이터를 이용해서 병뚜껑을 따 버렸다. 순간적으로 맥주가 위로 올라오고 그녀는 성급히 맥주를 마신다. 그 모습이 우스워서 카메라도 찍었다. 반 정도를 마시더니 그녀는 병을 그에게 건네주었다. 그는 아무 말도 하지 않고 받아서 한꺼번에 마셔버렸다. 그녀는 그것이 우스운지 그 모습을 카메라에 담았다. 그는 똑딱이 카메라를 가지고 있었지만, 그녀는 렌즈가 크고 긴 렌즈 교환식 카메라를 가지고 있었다. 그녀는 액정에 보여 지는 그의 모습을 보여주면서 웃고 있었다. 그는 말을 하지 않고 그저 그녀의 하는 꼴을 보고만 있었다. 그녀는 그가 어떤 말도 하지 않자 먼저 입을 열었다.

"제가 전화하는 내용을 들어보니 문학상이니 시 선집이니 하던데 그게 무슨 말씀인지 알겠어요."

"어떻게 아시나요?"

"우리나라에서 많은 부분에서 그런 일이 일어나고 있잖아요. 저도 사진 찍는 것을 좋아하지요. 얼마 전

사진전에 작품을 내고 유혹을 받았지요. '약간의 찬조'를 하면 상을 받는 길이 가까워진다고 하더라고요. 찬조를 하면 사진 찍는 것을 좋아하는 사람들에게 새로운 교육의 장을 만든다고 했지요. 전화를 받은 후에 망설였어요. 돈도 돈이지만 이러면 질서가 깨진다고 생각을 했지요. 작품을 낸 후에 다시 전화가 왔어요. 심사위원이라는 사람이었는데 한 번 만나자는 것이었어요. 제가 낸 작품에 대해서 물어볼 것이 있다고 하더군요. 그냥 무시하고 작품을 빼 달라고 말하려다 혹시 다른 공모에도 영향을 미칠지 모른다고 생각하고 그 사무실로 찾아갔지요."

"사무실에서 그럼 거래를 했단 말인가요?"

"거래라는 단어가 적당할지는 모르지만 그곳에서 제가 돈을 내면 좀 더 높은 등급을 받을 수 있다는 말을 했어요."

"그러면서 자신이 우리나라 사진계에서 큰 역할을 한다는 말까지 했지요?"

"어떻게 아셨어요?"

"그게 전부 그 사람들의 수법이니까요. 아마 그곳에서 다른 곳에 전화를 하면서 고위층을 들먹였을지도 모르지요."

"그대로였어요. 호호. 혹시 그렇게 하는 '꾼' 인가요?"

"그렇게 물어보면 '꾼' 이라고 말할 사람이 누가 있어요?"

"그런 것 같지는 않은데 아저씨도 전화하는 소리 들었더니 무슨 일이 있는 것 같은데요?"

"예, 낚시를 하려는 사람들이 저에게 미끼를 던졌어요."

"그래서 어떻게 하실 건가요?"

"아직 결정을 확실하게 내리지는 않았지만 미끼를 물지 않을 거예요."

"호호"

"그럼 그 사람들의 요구대로 해 주었다는 것인가요?"

"다른 사람들 같으면 오백 만원 내는데 저에겐 삼백만 원만 내라고 했어요. 그 돈도 내지 않으려면 대신 여행을 함께 가자고 제안했지요."

"그래서 어떤 이익이 있었나요?"

"동상을 받았어요. 상금이 백 만 원이었는데 그것

도 시상식 식대로 오 십 만 원을 달라고 하더군요."

"그것은 문단도 마찬가지에요. 문학상으로 상금 백 만 원 주면서 밥값 오십 만원 달라는 것은 공식적인 것이지요." "그래도 서로 상을 받으려고 하니 가능한 것 같아요."

"맞아요. 악어와 악어새관계이지요."

그녀는 낚싯밥에 걸린 이야기부터 술 한 잔 마시고 그 사람이 오백만 원을 내면 자신이 이 백만 원 챙기고 나머지는 심사위원들에게 나눠준다는 이야기를 했다. 그래서 자신의 몫을 받지 않을 뿐 더러 다른 심사위원에게 줄 돈도 없애준다고 했다. 그 남자는 대신 다른 요구를 했고 술에 취해서 어쩔 수 없이 그 남자와 여행을 떠나야만 했다는 말을 하면서 아주 천연덕스럽게 웃고 있었다. 그는 순간적으로 피가 솟구치는 것을 느꼈다. 더 이상의 생각도 어떤 행동도 필요하지 않았다. 자신의 이름 세 글자 새겨진 상장이나 상패를 받기 위해서 그런 행동을 하고 또 그것을 자랑스럽게 말하는 모습을 보니 역겨운 생각이 들었다. 아무렇게 생각하지 않았던 그녀가 왜 잠시 자리를 비운 낚시꾼의 텐트 안에 머물고 있는지에 대해서도 연결이 되었다. 그는 서둘러 자리를 정리하였다. 그 여자는 그의 그런 행동을 보면서 꽤 당황해 하는 모습이었지만 그것은 이미 그에게 어떤 의미도 없었다. 텐트도 접고 낚싯대도 손질을 하여 낚시가방 속에 넣었다. 그 여자의 말을 들은 후 여름은 더 강렬한 빛을 내뿜고 있었다. 자동차에 쓰레기까지 싣고 운전대에 앉으면서 그녀의 표정을 보았다. 그녀는 무엇인가 억울 하다는 모습이었지만 이미 그의 시선의 그녀의 모습을 벗어나 있었다.

집에 돌아온 그는 화장실로 들어갔다. 샤워기에서 흘러내리는 물줄기를 느끼면서 그의 몸에 우글거리는 여름을 밀어내었고 머릿속에 머물고 있던 그 여자의 이상한 행동까지도 씻어내려고 했으나 그럴수록 그는 혼란에 빠졌다. 물기를 제거하고 에어컨 스위치를 누르자 잠시 후에 시원한 냉기가 그의 몸에 다가오는 것을 느꼈다. 그는 냉장고에서 물병을 꺼내 생수 한 잔 마시자 더위가 사라지는 것을 느꼈다. 그때 컴퓨터 옆 거실장에 놓여 있는 전화기에서 음악소리가 들린다. 낯익은 소리이고 그의 아내의 전화임에 틀림이 없다고 생각을 했다. 그는 순간적으로 토요일이고 서울로 올라가야만 했다는 사실이 떠올랐다. 그의 아내는 그가 서울 가까이 올라왔을 거라고 생각하고 핸드폰으로 전화를 했는데 전화가 안 되어서 집 전화로 걸었다는 말을 했다. 그는 무엇인가 변명을 해야 할 것 같아 서둘러 그의 동료 아버지께서 갑자기 돌아가셔서 밤을 새우고 집에 들어와 막 샤워를 했다고 말하면서 곧 출발할 것이라는 말까지 했다. 그의 아내는 그의 말을 그대로 믿었고 그는 주말부부의 임무를 충실히 하기 위해서 서울로 떠나야 했다.

모든 준비를 하고 집을 나설 때 그의 아내가 핸드폰에 대한 이야기를 한 것이 생각나서 주머니를 뒤지니 없었고 다시 자동차 안을 샅샅이 뒤졌는데도 나타나지 않았다. 갑자기 그의 머릿속에 스쳐 지나가는 것이 있었다. 낚시터에서 낚시를 하다가 전화를 받았고 전화기를 손을 뻗어 돌 위에 올려놓은 것을 기억해 내었기 때문이었다. 그는 다시 둑길을 달려 그가 낚시를 하던 곳으로 갔다. 그가 낚시를 하던 자리 옆에는 여전히 하늘색 텐트가 자리 잡고 있었고 그의 자동차 소리에 놀란 그 여자는 텐트에서 나와 그를 보면서 빙긋 웃고 있었다. 그 웃음 속에는 약간의 조소도 자리 잡고 있다는 것을 느꼈다. 그것과 아랑곳없이 그의 휴대전화를 찾았다. 그는 핸드폰 대신에 '휴대전화' 라는 단어를 사용하는 것을 좋아했다. 핸드폰이 올바른 영어가 아니라는 것 때문은 아니었다. 그가 앉아 있던 자리를 살펴봐도 휴대전화는 없었다. 그는 분명 그의 아내가 전화를 했을 때 전화기에서 나는 진동을 감지하고 그녀의 손에 그의 휴대전화가 있을지도 모른다는 생각을 했다. 그는 옆 텐트 안의 여자를 바라보았다. 그 여자는 웃으면서 어떤 저항도 하지 않고 그의 손에 휴대전화를 넘겨주었다. 그는 끈적이는 그녀의 미소를 뒤로하고 휴대전화를 건네받고 그 자리를 떠나려 했다. 그 여자는 그의 모습을 보면서 무척 흥미로워하는 것 같았고 그가 떠난 후에 휴대전화를 발견하고 그를 불렀으나 자신이 되돌아보지 않고 도망가듯 빠져나갔다고 말했다. 그리고 전화기가 두 번이나 몸을 떨었는데 자신이 전화를 받지 않은 것을 다행으로 생각하라는 엉뚱한 말까지 했다. 그 말을 들으면서 그는 다시 몸에 땀이 흐르는 것을 느꼈다. 그녀의 말 한마디가 그의 온몸에 여름을 가득 채웠고 그것은 그 자신이 그 자리에 머물 수 없게 만드는 원인이 되었다. 그 여자는 그가 낚시터를 떠나기 전에 그녀가 했던 말에 대해서 부연설명을 하려는 것 같았으나 이미 정황을 생각해 볼 때 드러난 해답이라고 생각했다. 그가 자신의 자동차로 돌아가려할 때 그 여자가 그에게 다가와 그의 따귀를 때렸다. 기습적인 공격이 두려운 것이 아니라 얼굴에 다가온 그녀의 모욕이 문제였다. 그는 멈칫하면서 그녀를 보았다. 그녀의 눈에 눈물이 가득했다.

"아니 정말 그러기에요?"

"무슨 말씀인지요?"

"저를 마치 창녀 취급했잖아요."

"아니 사진재전 입상을 미끼로 함께 여행을 떠났다면서요?"

"여행을 하면 상품이 되어서 그 자체에 모든 것이 포함된다고 생각되나요?"

"뉘앙스가 그런 의미를 가지고 있었잖아요."

"하지만 그것은 아니지요. 제 말을 들어본 후에 저를 거리의 여자라고 생각해도 상관은 없었어요. 밤새 술을 마시고 여행을 간 것은 이른 아침이었고 부산에서 있었던 '7인 사진전시회'에 가서 그 사람의 작품 앞에 꽃다발 하나 놓고 온 것이 전부였어요. 그 사람이 그것을 원했지요. 자신의 작품이 너무 허전할 것 같으니 함께 가서 꽃다발 하나 놓아달라고요. 가 보니 그 사람의 사진 앞에 꽃다발도 화분도 많이 있어 다른 사람의 작품에 꽃다발 놓아두고 되돌아보지도 않고 KTX를 타고 돌아온 거에요."

"아, 제가 오해를 했군요. 미안합니다. 낚시를 하면서 밤새 텐트에 함께 있던 남자를 생각하면서 제가 오버한 것 같아요."

"호호. 전 남편하고 낚시터에 오면 안 되나요? 잠시 출근했다가 오후에 온다고 했으니 기다렸다가 만나고 가실래요?"

"아뇨. 집에 가야 해요. 주말부부인데 안 가면 큰일 나지요."

"어련하겠어요. 이제 가셔요. 제가 할 말을 다 하니 시원하네요."

그는 그 자리를 피하듯 떠나면서 뒤통수가 따끔거

리는 것을 느꼈다. 한참 동안 달려 고속도로에 접어들었다. 십 분 달리다가 문득 그 여자가 '두 번'이라고 말한 것이 생각나 휴게소에 들어갔고 주차시키면서 부재중 전화를 확인했다. 하나는 그의 아내가 보낸 것이었고 다른 하나는 낯익지 않은 번호인데 오전에 전화했던 출판사 여직원 전화번호로 생각되었다. 그는 화장실에서 잠시 볼일을 본 후에 아이스 커피 한 잔 사 가지고 그의 자동차로 돌아왔다. 시동을 걸고 에어컨 바람을 확인한 후 아이스커피를 마셨다. 순간적으로 온몸이 시원해진다. 약간의 여유가 생기자 '두 번' 중 '한 번'을 위하여 남겨진 전화번호를 눌렀다. 한참 동안 신호음이 갔지만 응답이 없었다. 그는 다시 고속도로 위를 질주하기 시작했다. 삼십 분쯤 달렸을 때 옆자리에 놓아둔 휴대전화기가 몸을 떨고 있었다. 그는 전화를 받은 후 잠시 후 다시 전화를 한다고 하고 폴더를 접었고 가까운 휴게소에 들렀다. 전화를 한 것은 편집장이었고 그 여자는 새벽의 목소리와는 달리 물기를 품고 있었다. 이른 새벽에 전화를 해서 미안하고 또 올해의 멋진 시에 자신의 작품을 밀어 넣으려 한 것도 예의가 아니라고 생각한다는 말을 했고 금전적인 것이 문제가 된다면 돈을 내지 않아도 된다고 했다. 정말 자신이 생각할 때 그의 시가 멋진 시에 포함될 수 있다고 생각했기 때문이라는 말을 했다. 그리고 지부장과의 통화를 통해서 자신의 행동이 경솔했다고 사과했다. 그는 그녀의 말을 들으면서 할 말이 없었다. 무엇이든지 부딪는 부분이 있어야 대화가 되는데 이번에 그녀는 '미안하다' 는 말로 모든 것을 대신하려고 했다. 그는 그녀가 말하는 것을 들으면서 반은 진심이고 반은 진심을 벗어난 것이라 판단했다. 그녀는 그에게 문자로 최종적인 자신의 생각을 보내준다는 말을 하면서 그에게 말을 할 틈도 주지 않고 전화를 일방적으로 끊었다.

그는 멍한 느낌이 들었다. 군대에서 전투체육 시간에 글러브를 끼고 생전 처음 권투를 할 때 한 대 얻어맞고 멍한 느낌이 들었다. 그가 그런 애매한 느낌을 가진 채 휴게소를 빠져나갈 때 생전 보지 못한 전화번호가 그의 전화기에 나타났다. 그는 잠시 생각하다가 폴더를 펼쳤다.

"여보세요?"

"예 죄송하지만 누구 신가요?"

"벌써 제 목소리 잊으셨나요?"

"잊다니요? 잘 모르겠는데요?" "낚시라고 말하면 알려나요?"

"아, 붉은 티셔츠를 입고 있던 분요?"

"이제야 아시네요?"

"근데 어떻게 전화번호 아셨나요?"

"아까 낚시터에서 제가 잠시 보관했었잖아요. 그때 얼른 전화번호 알아두었지요. 비밀번호 걸어놓아도 번호를 찾을 수 있다는 것은 몰랐나요?"

"전 그런 것 전혀 관심이 없어요. 누군가 제 전화기 만지는 것이 귀찮아서 비밀번호 설정해 놓은 것뿐이에요."

"아 그런가요? 그러 그렇고 어떻게 하기로 했어요?"

"제 일에 너무 관심이 많은 것 같네요. 아직 결정을 내리지는 않았어요. 상대방이 강하게 나올 때는 쉽게 무시해 버릴 수 있었는데 상대방이 약하게 나오니 갈등이 되는 것은 사실이에요. 잠시 전에 편집장이 전화 왔었는데 미안하다는 말을 했어요. 억지로 제 작품을 끼워 넣으려고 했던 것을 사과했고 제 작품을 꼭 내달라고 했어요. 그녀가 생각하기에 정말로 제 시가 정말 '올해의 멋진 시' 에 포함될 수 있다고 말하면서 금전적인 부담을 주고 싶지 않다고 했지요."

"그럼 잘 되었네요. 사실 금전적이 부담이 문제였다면 해결이 된 것이네요."

"모르겠어요. 아니라고 생각했던 일이 자꾸 뒤엉키면서 혼란스럽게 하네요."

"호호. 그렇게 생각할 필요 없어요. 막걸리에 물 조금 넣었다고 물이 되는 것은 아니잖아요. 궁금했는데 이제 고 시인님 마음 다 읽은 것 같네요. 마나님 계신 곳으로 잘 올라가셔요."

그 여자는 다시 전화를 끊었고 그는 그런 태도가 마음에 들지 않았으나 그저 무시해버렸다. 출발하려고 했는데 연료 게이지에 붉은 불이 들어왔다. 자신이 휴게소 안에 머물고 있다는 것을 고마워하면서 주유소에 들렀다. 그는 습관적으로 '오 만원' 을 말했고 이십대 중반의 아르바이트생이 주유기를 자신의 자동차에 접속시켰다. 그는 주유를 하면서 기름을 넣는 것이 주사를 맞는 것 같다는 생각을 하면서 혼자 킥킥대며 웃은 적이 있는데 그 생각이 다시 났고 그는 카드를 내밀면서 다시 웃음이 나오는 것을 참았다. 잠시 후에 휴대전화에서 문자가 오는 소리가 났고 기계적으로 액정에 담긴 내용을 읽었다.

「제안을 할게요. 이번 시 선집에 고 시인님 작품을 싣는데 아무 조건을 달지 않을게요. 다만, 저하고 목포 여행을 다녀오면서 표지 사진을 찍어주실래요? 아무래도 2박 3일은 되어야겠지요?」

그 강은 지금도 팔짱을 끼고 있을까

한국문학작가연합 7집

초판 인쇄 2010년 10월 25일
초판 발행 2010년 10월 30일

지은이 여규웅 외
펴낸이 양상구
편집 채운재
웹디자인 김태완
펴낸곳 도서출판 **채운재**
인쇄 (주)한진종합인쇄
주소 100-861 서울시 중구 충무로2가 49-8 (서울빌딩 202호)
전화 02-704-3301
팩스 02-2268-3910
핸드폰 010-5466-3911
이메일 ysg8527@naver.com
정가 10,000원